AI시대 바둑을 파헤친다!

최강
전투

AI시대 바둑을 파헤친다!

최강 전투

초판 1쇄 발행 2022년 4월 1일

감　수	김일환
지은이	이하림
발행인	조상현
마케팅	조정빈
발행처	더디퍼런스

등록번호	제2018-000177호
주소	경기도 고양시 덕양구 큰골길 33-170
문의	02-712-7927
팩스	02-6974-1237
이메일	thedibooks@naver.com
홈페이지	www.thedifference.co.kr

독자여러분의 소중한 원고를 기다리고 있습니다. 많은 투고 부탁드립니다.

ISBN 979-11-6125-345-9 13690

AI시대 바둑을 파헤친다!

최강
전투

이하림 지음 · 김일환 감수

더디퍼런스

들어가는 말

"바둑의 신이 있다면 인간의 최고수와 몇 점이면 적당할까?" 오래 전부터 이런 궁금증이 있었습니다. 그동안 인간은 두점 접바둑이면 이긴다고 자신감에 넘치기도 했지만 막상 신급 존재인 인공지능(AI)이 등장하자 넉점에도 목숨을 걸기 어려운 시대가 되었습니다. AI등장 초기에는 그래도 해볼만하다는 생각이 있었는데 AI가 진화에 진화를 거듭하면서 지금은 바둑의 적수가 아닌 스승으로 받아들이기에 이르렀습니다.

AI시대에는 생각지도 못했던 기술이 창궐합니다. AI가 보여주는 바둑의 세계는 정말 신비롭지요. 상식을 벗어난 수가 신기하게도 힘을 발휘하는 등 상황에 따라 변신하는 둔갑술의 천재입니다. 인간은 보이는 힘만 믿지만 AI는 보이지 않는 힘으로 세밀하게 분석하고 종합적 판단을 내립니다.

특히 바둑의 초반은 감성과 감각이 지배하는 시공간이며 단순 인공지능의 계산으로는 인간지능을 넘을 수 없는 금기의 영역이었는데, 더욱 강력해진 인공지능은 이런 고정관념을 보기 좋게 깨뜨리며 인간의 감성을 압도했습니다. 미지의 세계인 초반에도 신출귀몰한 AI는 거침없이 계산을 하여 혁명이 일어났습니다.

그동안 인공지능이 차가운 이성으로 인간 바둑의 세계를 파헤쳐왔다면 이제는 인공지능 바둑의 심오한 세계를 인간의 따뜻한 감성으로 분석할 차례입니다. 이 책의 기획 배경은 AI의 새로운 시각으로 달라진 바둑 수법을 보여주려는 데 있습니다.

정석 분야는 3권의 시리즈로 완결했습니다. 1권에서는 화점 중에서 가장 많이 접하는 기본적인 정석에 대해, 2권에서는 화점 정석 중 협공에 대해, 3권에서는 소목 정석에 대해 중점적으로 다뤘습니다.

포석 분야는 실전에 주로 사용하는 화점과 소목에 초점을 맞춰 두 권으로 완성했습니다. 1권 '화점 포석편'에서는 양화점 포석과 삼연성 포석에 대해, 2권 '소목 포석편'에서는 화점·소목 포석과 양소목 포석에 대해 다뤘습니다.

이번에 다룰 주제는 '초반의 전투 요령'입니다. 보통 전투라면 중반에 빈발하지만 초반에도 영토를 넓히거나 삭감하는 과정에서 공방이 전개되며 이 싸움의 결과에 따라 중반의 출발선이 정해지죠. 따라서 중반 전투에 대비하면서 유리한 고지를 점하려면 초반에 어떻게 싸우느냐가 당면 과제인데, 능률을 중시하는 AI 관점에서는 싸움을 통해 국면을 주도하고 정리하는 것이 핵심입니다.

이 책의 내용은 싸움의 초점을 어디에 맞추느냐에 따라 편의상 4개의 파트로 구분했습니다. '파트 1'에서는 정석을 활용하는 과정에서의 싸움에 초점을 두었습니다. '파트 2'에서는 국면을 주도하는 과정에서의 싸움에 초점을 두었습니다. '파트 3'에서는 공방의 과정에서 싸움의 요점은 어디인지 알려줍니다. '파트 4'에서는 대국적인 능률 관점에서 행마의 급소는 어디인지 알려주는데, 실은 전투 방법이 무엇이든 지향하는 목표는 능률 행마에 있겠지요.

본문은 유형별로 이어지는데, 모두 32개 장면으로 되어있습니다. 이들 장면들은 연계된 학습이 이루어지도록 주로 포석 분야에서 배웠던 유형과 실전에 자주 등장하는 모양으로 구성했습니다. '부록'에서는 각 장면의 수순을 표시해서 초반 흐름을 열람할 수 있도록 배려했습니다.

두루 독자의 수준에 맞춰 AI시대를 관통하는 전투 요령의 길잡이로 삼을 수 있도록 체계적이고 실전적이며 흥미롭게 꾸미고자 노력했습니다.

바둑의 신을 가정하고 상상했던 세계가 현실이 되었습니다. 우리가 AI로부터 배울 점은 종합적 관점에 의한 대세적 안목과 열린 사고에 의한 창의적 발상입니다. 이 책에는 AI로부터 전수받은 다양한 수법들이 등장하지만 어차피 AI는 전투 요령을 말로 전하지 않습니다. 오직 계산하고 판에다 실천할 뿐이므로 어떻게 활용할지는 전체 국면을 바라보는 여러분의 안목에 달렸겠지요.

더불어 AI시대에 바둑을 즐기면서 실력을 늘리는 비결은 모양에 구애받지 않는 자유자재한 인공지능의 냉정한 계산에 모양을 중시하는 인간의 예술적 열정으로 생명을 불어넣는 조화로운 공존 아닐까요.

이하림

 차례

PART 1 ☞ 정석 활용법

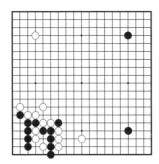
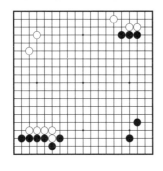
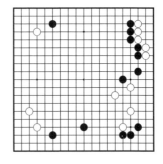
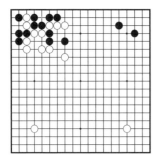
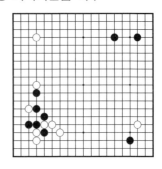

7형 세력을 끊은 한점의 활용

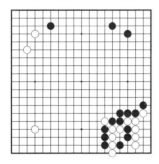

45

8형 정석 이후 중앙 석점의 공격

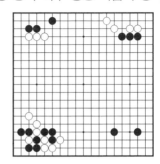

52

PART 2 ☞ 능동적 전략

9형 눌러 끊은 장면에서

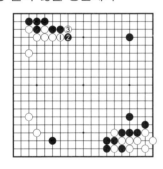

60

10형 상변 약점을 이용한 전략

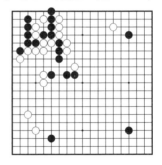

66

11형 미완의 약점 공략

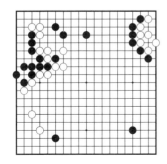

73

12형 눈목자굳힘에서 싸우는 요령

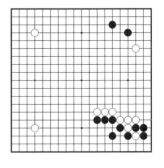

83

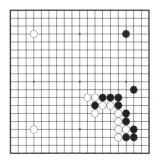
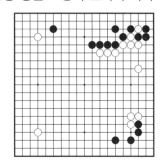
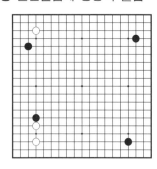
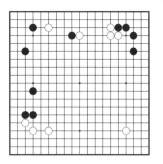
PART 3 ☞ 공방의 요점

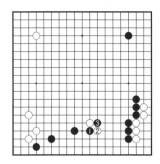
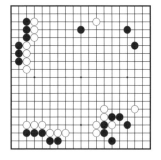

19형 주도적 모자 공격

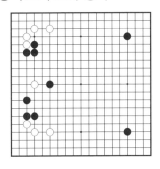

142

20형 폭넓은 진영 파괴하기

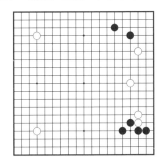

150

21형 두칸굳힘에 활용한 후 침입

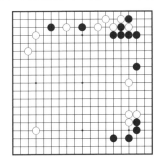

160

22형 입체적 진영에 침입

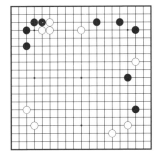

168

23형 배후에서 침입하는 경우

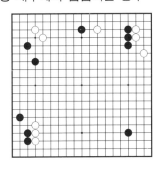

181

24형 두칸굳힘의 엷음 공략

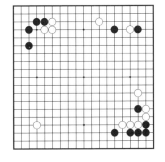

188

PART 4 ☞ 능률 행마법

25형 우군과 연계한 변의 침입

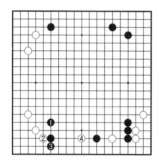

198

26형 벽을 활용한 공격 방법

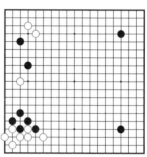

209

27형 뜀뛰기 이후의 능률 행마

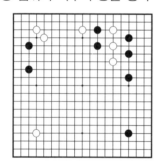

215

28형 소목 두칸협공 이후의 능률 행마

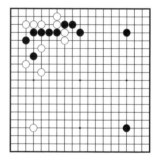

223

29형 탈출 이후의 능률 행마

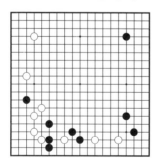

233

30형 확산중인 전장에서 능률 행마

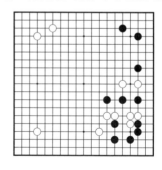

240

31형 능률적 벌림에 의한 전투 요령

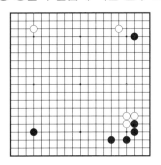

249

32형 외목 세력작전에서 능률 행마

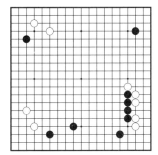

258

PART 1

정석 활용법

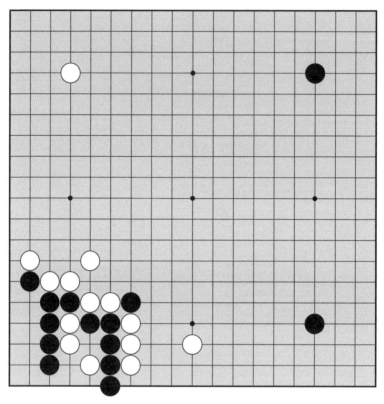

● 흑 차례

　서로 양화점 포석에서 좌하 방면은 흑이 3三에 침입해서 파생된 정석 변화이다. 백은 귀에 실리를 허용한 대신 양쪽 변에 모양을 구축해 약간은 활발한 국면이다.

　이 장면에서 흑이 주도적으로 두자면 중앙 두터움부터 견제하고 싶은데, 그런 관점에서 정석 활용과 이후 싸움은 어떻게 전개되는지 알아본다.

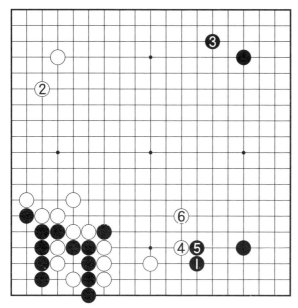

1도

1도(중앙이 넓다)

우선 흑1의 굳힘은 하변에도 영향을 주는 좋은 자리이다. 백2의 굳힘도 좌변 모양을 살리는 큰 자리이며 계속 흑3에 굳히면 백이 4, 6으로 중앙 모양을 넓히면서 약간 편한 흐름을 이어갈 수 있다.

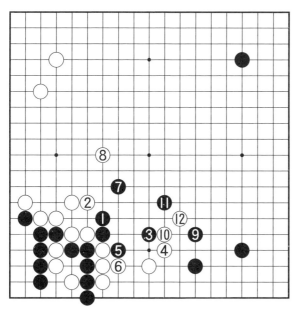

2도

2도(주도적 착상)

앞 그림 백2 때 흑1로 중앙 한점을 활용하는 것이 주도적 착상이다.

백2의 수비는 모양의 급소이고 흑3의 모자로 공세를 취하며 이하 12까지 AI가 제시하는 유력한 공방인데 서로 앞길이 험난하지만 형세는 호각으로 본다.

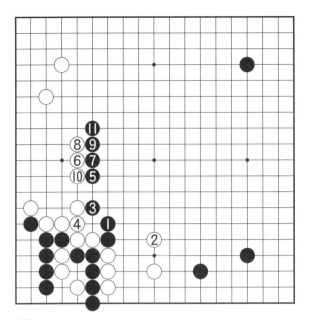

3도

3도(흑, 중앙 두터움)

흑1에 백2로 먼저 중앙을 향하면 흑3, 5로 좌변에 진입하는 자세가 좋고 이하 11까지 AI가 제시하는 대로 진행되면 중앙이 두터운 흑이 단연 유리하다.

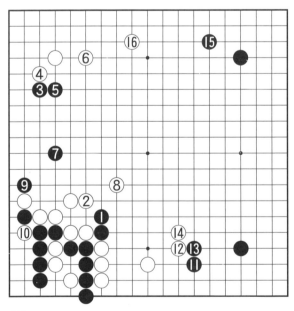

4도

4도(흑, 좌변 견제)

흑이 좌변을 견제하고 싶다면 처음부터 흑1로 하나 활용해놓고 3으로 걸치는 방법도 생각할 수 있다. 이하 16까지 AI의 무난한 변화인데 흑이 좌변에 정착한 대신 중앙이 두터운 백이 약간 편한 정도 어울린 형세로 본다. 수순 중 흑 9의 활용은 좌변 침입에 대비한 안전망이다.

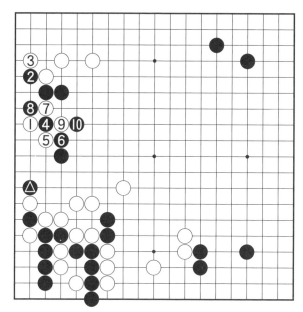

5도

5도(흑, 효과적 방어)

앞 그림 흑15 때 백1의 상용 침입이면 어떻게 대응할까.

흑은 2, 4로 방어하는 것이 효과적 수순이며 이하 10까지 봉쇄하면 ▲의 활용 덕분에 백이 탈출하기 어렵다.

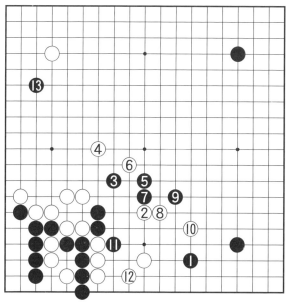

6도

6도(흑의 일책)

흑이 중앙을 활용한 상황에서 1의 굳힘도 일책이다. 백2로 두점을 추궁하면 흑3에 진출한 후 13까지 AI의 변화인데 흑이 치열하게 싸우면서도 좌변 견제를 잊지 않는 모습이며 형세는 호각으로 본다.

수순 중 흑11의 활용은 중앙 끊기는 약점을 보강하려는 뜻도 있다.

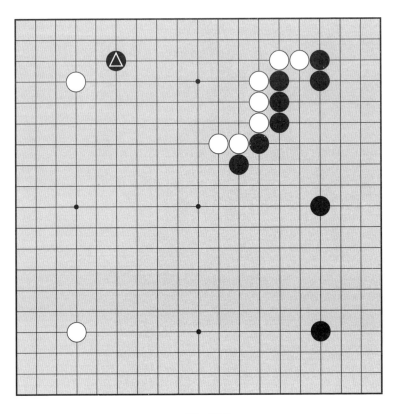

○ 백 차례

　　삼연성 포석에서 출발해 우상귀 정석이 중앙까지 이어졌
는데, 백이 처음부터 기세 좋게 모양을 키우자 흑이 중앙 약
점을 보류한 채 ●로 시급히 걸치면서 상변 두터움을 견제한
장면이다. 다음 백이 국면을 주도하려면 상변 운영이 과제인
데, 그런 관점에서 정석 활용과 이후 싸움은 어떻게 전개되
는지 알아본다.

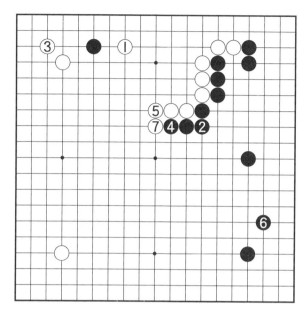

1도

1도(협공의 경우)

우선 백이 두터움을 살리려면 1의 협공을 생각할 수 있다.

이때 흑2로 중앙 약점을 지키면 백3의 3三이 좋은 수비이다. 이하 7까지 서로 모양을 키우면 AI 시각에서 백이 약간은 활발한 형세이다.

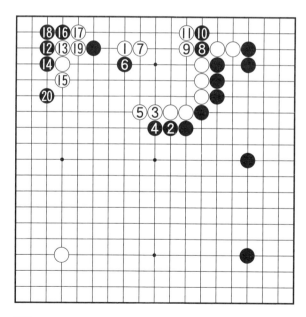

2도

2도(능동적 방어)

백1에 흑2 이하 10까지 활용은 중앙 단점을 능동적으로 방어하는 결단이다.

이래놓고 흑12로 침입해서 20까지 되면 AI 시각에서 백진을 한껏 활용한 흑이 활발한 형세로 본다.

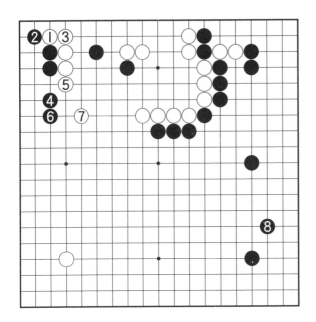

3도

3도(현명한 귀의 대처)

앞 그림 흑14 때 백도 1
로 귀쪽을 먼저 젖히고
나서 7까지 상변을 넓히
는 것이 현명한 대처이
다. AI 시각에서 다음
흑8로 지키면 서로 어울
린 형세이다.

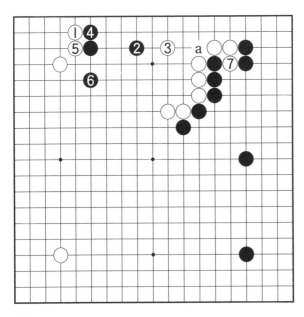

4도

4도(백, 날일자 압박)

되돌아가서 백1의 날일
자 압박수단도 유력하
다. 이때 흑이 상변에 거
점을 마련하려는 것은
중앙에 약점도 있어 조
심하지 않으면 상황이
악화될지도 모른다. 가
령 흑2로 벌리고 6까지
안정해도 백이 자연스레
a의 약점이 보강된 만큼
7로 마음 놓고 공략하면
흑이 불리하다.

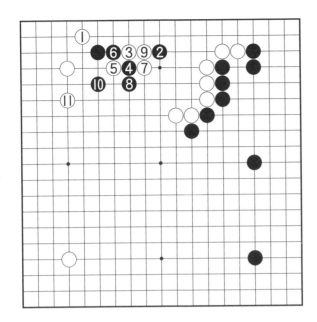

5도

5도(흑, 옹색)

백1에 흑2로 간격을 넓히면 백3의 침입이 빤히 보인다. 흑4로 기대면서 10까지 한점을 잡아도 근거가 빈약한 흑이 옹색한 모습이다.

다음 백이 11로 공격하면서 국면을 주도하면 유리한 형세로 본다.

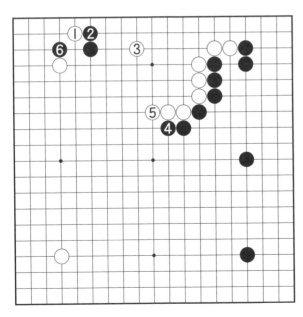

6도

6도(유효한 막음)

원래 백1에 흑2로 막는 것은 무겁지만 이런 배치에서는 유효하다.

백3에 협공하면 중앙 흑4로 하나 활용해놓고 6의 건너붙임으로 자체 안정을 모색하는 것이 좋은 수순이다.

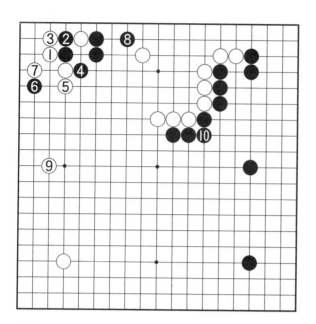

7도

7도(흑, 현명한 안정)

이다음 백1에 흑2 이하 8까지 안정해두는 것이 현명한 타개책인데 수순 중 흑6은 기민한 활용이다. AI 시각에서 다음 백이 9로 좌변을 다스리고 흑이 10으로 중앙을 지키면 거의 어울린 형세로 본다.

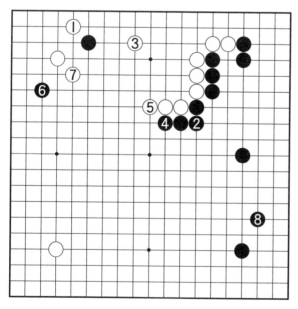

8도

8도(흑, 우변 모양 구축)

백1에 흑이 상변을 가볍게 보고 2의 지킴부터 두는 것도 일책이다.

백3으로 상변을 다스릴 때 흑4, 6으로 활용해놓고 8로 우변 모양을 구축하면 AI 시각에서 형세는 흑이 약간 편한 정도이다.

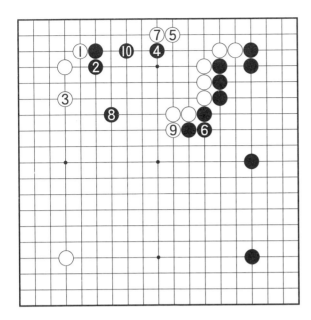

9도

9도(무겁게 만들어 공격)

처음으로 돌아가서 백1, 3으로 무겁게 만들어 공격하는 것도 일책이며 흑4로 벌리면 백5로 압박한다.

흑6에 지킨 후 10까지 AI의 유력한 변화인데 서로 어울린 형세로 본다.

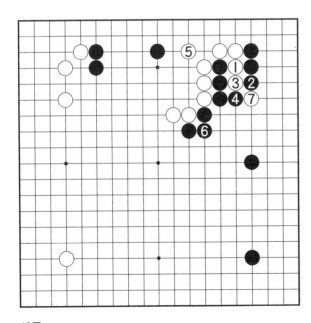

10도

10도(시도해볼만한 작전)

앞 그림 흑4 때 백1, 3으로 추궁한 후 5로 지켜놓는 방법도 유력하다. 흑도 중앙 6의 보강이 시급한데 백7로 끊어 응수를 묻고 상대 대응에 따라 국면을 효율적으로 운영하겠다는 것이 AI의 복안이다.

다음은 서로 어렵지만 백이 시도해볼만한 작전이다.

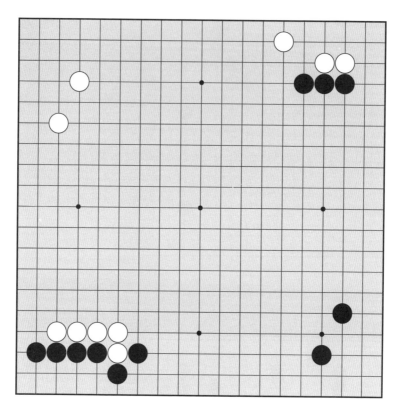

○ 백 차례

   우상귀와 좌하귀는 화점 3三침입에 의한 AI의 신형 정석이며 특히 좌하귀는 흑이 견실하게 보강한 모양이다.

   AI시대 실전에 많이 등장하는 장면인데 이후 정석을 어떻게 활용하며 싸움이 전개되는지 알아본다.

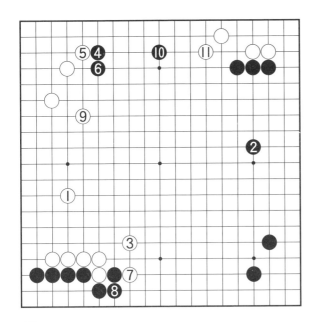

1도

1도(수비 위주)

우선 수비 위주로 무난하게 두자면 서로 백1과 흑2로 지킨다.

백3은 중앙 대세점이며 흑4로 걸친 후 11까지 AI의 유력한 변화인데 형세는 호각이다.

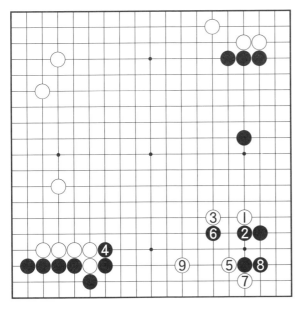

2도

2도(백, 어깨짚음)

앞 그림 흑2 때 우변 백1의 어깨짚음도 좋은 자리이다. 흑은 2로 하나 선수해놓고 4로 밀어올리는 것이 유력하다.

백5로 붙인 후 9까지는 귀를 활용해서 하변에 근거를 마련하는 AI의 행마법인데, 이 진행도 호각으로 본다.

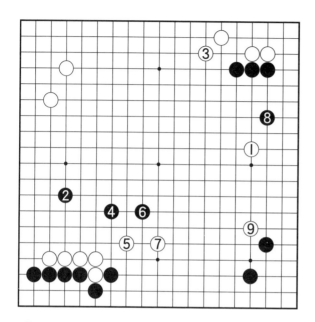

3도

3도(공격 위주)

되돌아가서 공격 위주로 두자면 서로 백1과 흑2로 변을 갈라치며 귀쪽 상대를 노린다. 백3은 상변 요소이며 흑은 4, 6으로 선제공격한 후 8로 지키는 것이 하나의 방안이다. 백9의 어깨짚음은 AI의 유망 추천수인데 형세는 백이 약간 편한 정도로 어울렸다.

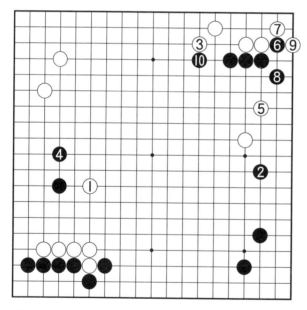

4도

4도(백, 좌변 모자)

앞 그림 흑2 때 백이 좌변부터 두자면 1의 모자가 일책이며 이하 5까지 AI가 추천하는 좋은 자리들을 주고받는다.

우상 흑말이 공격받는 중인데 흑6, 8의 호구로 탄력을 주고 10으로 붙여 헤쳐 나가는 것이 좋은 방안이다.

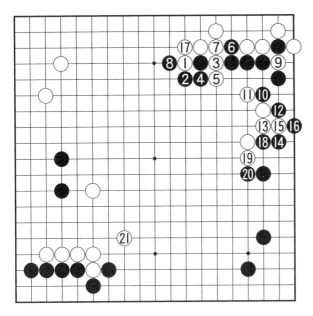

5도

5도(선택의 갈림길)

이다음 백1에 흑2의 되 젖힘이 기세이며 흑6 때 백은 어느 쪽을 이을지 선택의 갈림길이다.

백7로 변쪽을 이으면 흑8의 단수에 백9로 잡 는 것이 무난하다. 흑10 이하 16까지 AI의 수습 책이며 백17로 방향을 틀면 흑18, 20의 보강 은 필연이다. 백21의 중 앙 요소로 전환하면 거 의 어울린 형세이다.

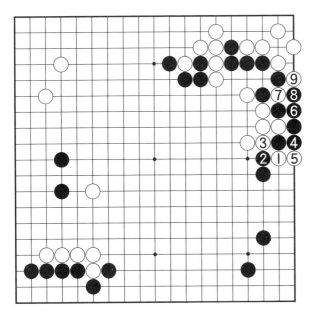

6도

6도(패)

앞 그림 흑16 때 백1로 추궁하면 흑은 어떻게 받을까.

이때 흑2로 받는 것 은 백3 이하 9까지 패가 생기는 만큼 흑이 불안 한 진행이다.

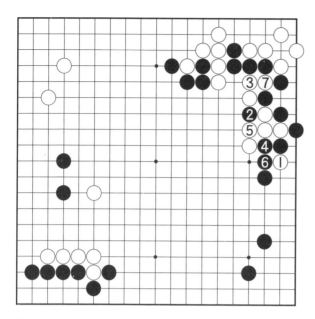

7도

7도(타협)

백1에는 흑2의 끊음이 맥이다.

백3이 끈질긴 대응이며 이하 7까지 타협인데 흑이 일부 잡혔지만 선수이므로 AI 시각에서 형세는 거의 호각이다.

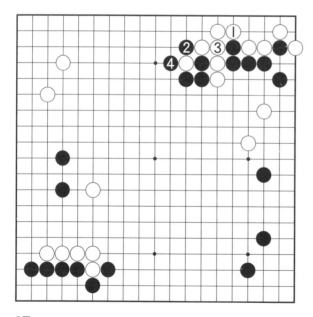

8도

8도(백, 귀쪽 이음)

5도 흑6 때 백1로 귀쪽을 이으면 흑2, 4로 한 점을 잡는 것이 일단 두텁다.

귀의 흑말이 위험하지만 탄력적인 맛이 남아있어 활용만 하고 버리더라도 충분한데 이 진행도 호각으로 본다.

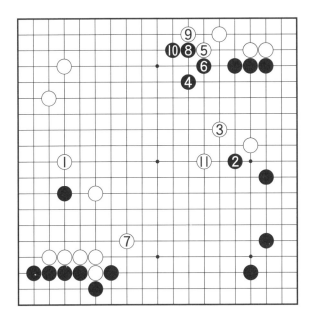

9도

9도(백, 좌변 공격)

4도 흑2 때 좌변 백1로 공격하면 흑은 우변 2, 4로 몰면서 진출하는 것이 유력한 방안이다.

이하 11까지 서로 모양을 정돈하면 AI 시각에서 형세는 거의 어울렸다.

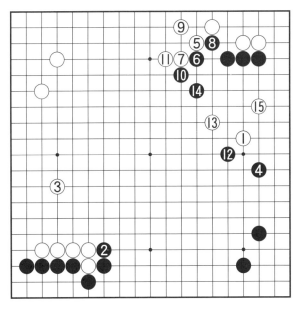

10도

10도(흑, 하변 중시)

백1에 갈라친 시점으로 돌아가서 흑이 하변을 중시하면 2로 밀어올리고 백3에 지킬 때 흑4로 다가서는 것도 일책이다. 다음 백5에 흑6 이하 14까지 상용 정리법인데 백이 15로 모양을 잡으면 약간 편한 형세로 본다.

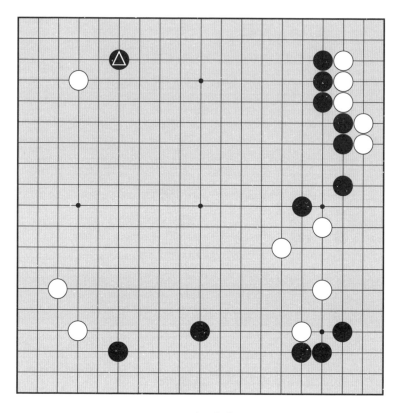

○ 백 차례

    고바야시 포석에서 파생된 장면이다. 백이 우변을 가볍게 처리하면서 우상귀에 실리를 얻었고 흑은 두터움을 배경으로 ▲로 걸치며 상변 진영을 키울 태세이다.

    다음 백이 주도적으로 두자면 상변 견제가 초점인데, 이에 합당한 정석 선택과 이후 싸움은 어떻게 전개되는지 알아본다.

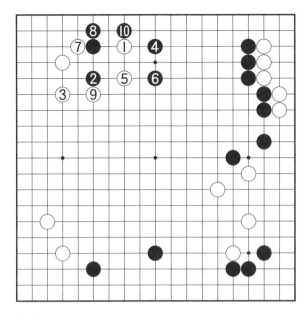

1도

1도(백, 한칸협공)

백이 상변을 견제하려면 일단 협공을 생각해야 한다.

우선 백1의 한칸협공이면 흑도 2, 4로 압박하는 것이 상변을 살리는 적극적 대응이다. 백5로 뛰면 흑6 이하 10까지 AI의 유력한 변화인데 서로 어울린 형세로 본다.

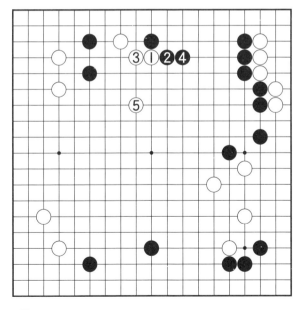

2도

2도(유연한 행마법)

앞 그림 흑4 때 백은 1로 기대면서 5까지 진출하는 것이 AI가 제시하는 유연한 행마법이다. 이 진행이면 백이 약간은 활발한 형세로 본다.

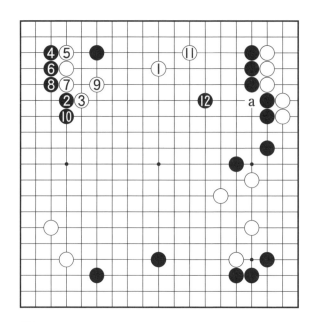

3도

3도(백, 세칸협공)

되돌아가서 백1의 세칸 협공도 상변을 제어하는 유연한 선택이다. 흑2의 양걸침이 적극적 대응인데 백3에 붙인 후 11까지 AI의 무난한 변화이며 흑12로 a의 약점을 효과적으로 지키면 거의 어울린 형세로 본다.

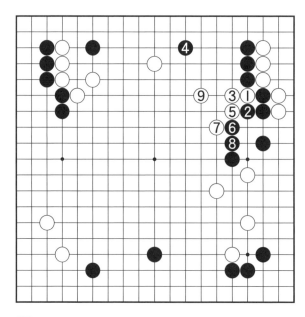

4도

4도(백의 강수)

백이 적극적으로 두자면 앞 그림 흑10 시점에서 백1의 끊음이 강수이다.

이때 흑2, 4로 받는 것은 나약한 행마이다. 백5 이하 9까지 정돈하고 나서 양쪽 흑진을 노리면 백이 유리한 진행이다.

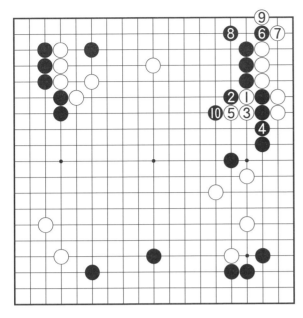

5도

5도(효과적 행마)

백1로 끊을 때 흑2, 4로 자연스럽게 이으면서 버티는 것이 효과적 행마이다. 백5에 흑6, 8의 호구는 미리 모양에 탄력을 주겠다는 뜻이며 백9로 받으면 흑10의 젖힘이 요소이다.

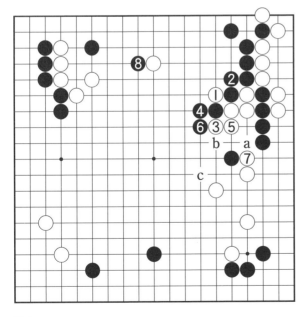

6도

6도(어려운 싸움)

이다음 백1 이하 7까지 우변을 제압하면 흑은 중앙 두터움을 배경으로 8로 붙이며 2차전을 감행하는 것이 AI의 유력한 변화이다.

　형세는 백이 약간 편한 정도로 보지만 싸우는 과정에서 우변 흑a, 백b, 흑c로 포위하는 맛이 있어 백도 조심해야 하는 만큼 서로 어렵다.

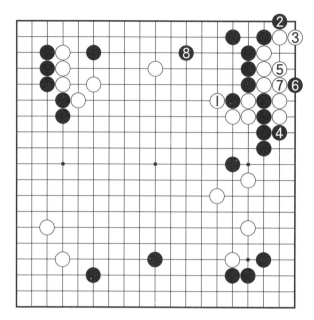

7도

7도(백, 중앙 단수)

5도 흑8 때 백1의 단수
로 중앙을 다스리면 어
떨까.

흑2 이하 6까지 기분
좋게 활용한 후 8로 달
리면 양쪽 흑이 수습이
되며, 이 진행은 AI 시
점에서 호각이다.

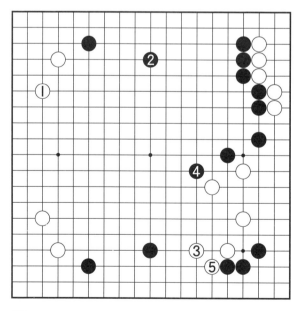

8도

8도(흑, 국면 주도)

처음으로 돌아가서 백이
1로 받은 후 우변 진영
도 3, 5로 정리하면 가
장 무난하지만 그동안
흑도 상변과 중앙에 모
양을 쌓을 수 있다.

이래도 AI 시각에서
는 거의 어울린 형세로
보지만 국면은 두터움을
배경으로 흑이 주도하는
모습이다.

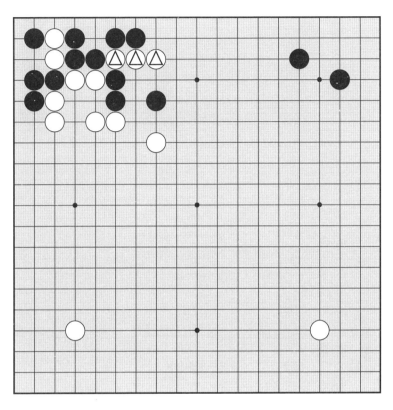

● 흑 차례

　　좌상귀와 중앙 일대는 소목 한칸걸침에서 파생된 정석 변
화인데 백은 실리를 허용한 대신 좌변 발전성이 높아 밑지지
않는 장면이다.
　　정석 이후 서로 미완성인 상변 정리가 초점인데, 흑은 백
△ 석점의 처분이 과제이며 이에 따라 싸움은 어떻게 전개
되는지 알아본다.

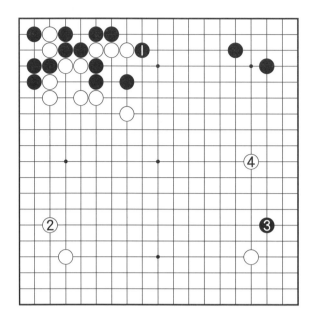

1도

1도(직접 제어)

우선 흑1로 직접 제어하면 백은 석점을 가볍게 봐도 좋다.

백2의 굳힘이 좌변 두터움도 살리는 큰 자리이며 흑3에 백4로 협공하면서 전장도 바뀌지만 AI 시각에서 형세는 호각이다.

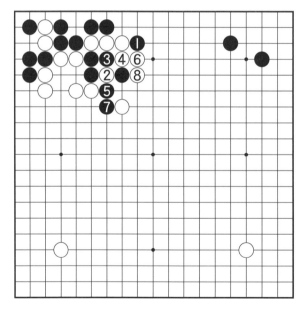

2도

2도(어려운 길)

흑1에 백이 맞대응하는 경우 2의 끼움이 맥이며 이하 8까지는 자연스런 진행이다.

서로 상대 진영을 뚫으며 어려운 길로 접어들었다.

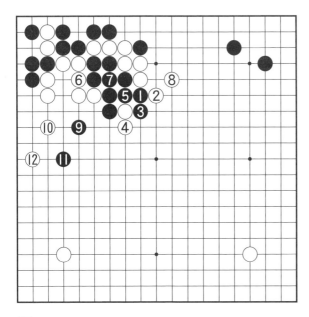

3도

3도(백, 안정적 자세)

이다음 흑1의 젖힘은 중앙 주도권을 다투는 요소이며 백은 2 이하 6으로 활용하면서 8로 상변 모양을 갖추는 것이 안정적 자세이다.

좌변은 흑9에 백10, 12로 견디면 AI 시각에서 백이 약간 편한 정도로 어울린 형세이다.

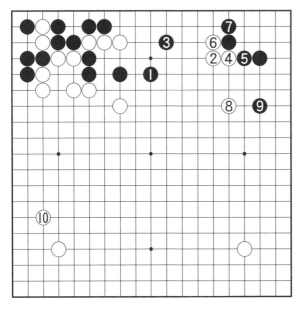

4도

4도(흑, 한칸 행마)

처음으로 돌아가서 흑1의 한칸 행마는 판을 넓게 이용하려는 의도이다. 이때 백이 석점을 곧바로 살리는 것은 하책이며 차라리 2의 어깨짚음으로 상변을 삭감하는 것이 현명한 방안이다.

이하 10까지 백이 석점은 잡혀도 좌변 모양을 구축하면 형세는 호각으로 본다.

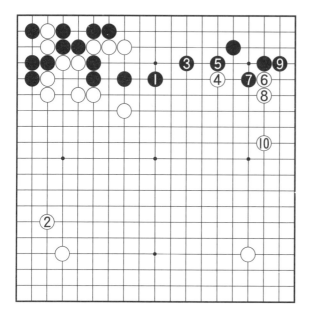

5도

5도(백의 일책)

흑1에 즉시 백2로 전환하는 것도 일책이다.

흑3으로 넓게 모양을 구축해서 상변 실리가 크지만 백도 바깥에서의 활용이 남아있고 우변도 4 이하 10까지 한껏 활용하면서 터를 잡으면 AI 시각에서 형세는 백이 약간 활발한 정도로 본다.

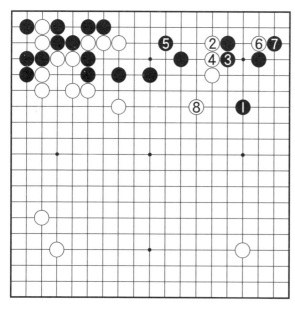

6도

6도(흑, 우변 벌림)

앞 그림 백4 때 흑1로 우변을 향해 벌리면 백2 이하 8까지 AI의 유력한 변화인데 형세는 균형이 잡혔다고 본다.

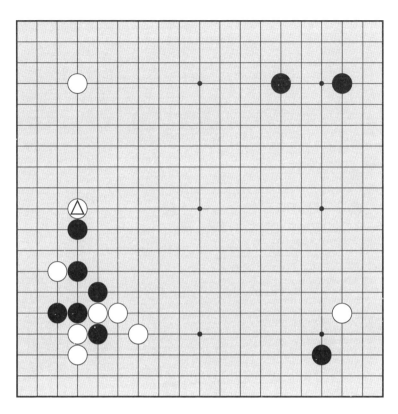

● 흑 차례

양소목 두칸굳힘 포석에서 좌하귀 일대는 소목 협공 정석에서 파생된 모양이다.

중앙을 중시하는 AI의 신형이기도 한데 백△로 헤딩한 것은 상대 두터움을 최대한 활용하려는 기대기전법이다. 다음 흑의 대응에 따라 싸움은 어떻게 전개되는지 알아본다.

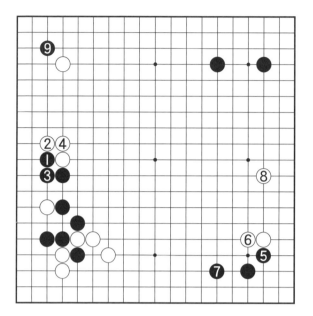

1도

1도(흑, 변쪽 젖힘)

우선 변쪽 흑1의 젖힘에 대해 알아보자.

　이때 백2, 4로 받아주는 것은 발이 늦다. 흑5, 7로 우하귀 정석을 알기 쉽게 결정한 후 9의 침입으로 전환하면 AI 시각에서 흑이 약간 편한 형세이다.

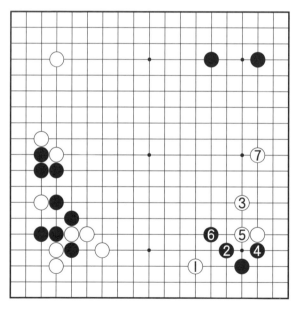

2도

2도(모범 변화)

앞 그림 흑3 때 백은 큰 자리로 손을 돌리는 것이 현명한데 좌하 정석을 살리자면 백1의 협공이 좋은 자리이다.

　이하 7까지 AI가 제시하는 모범 변화이다.

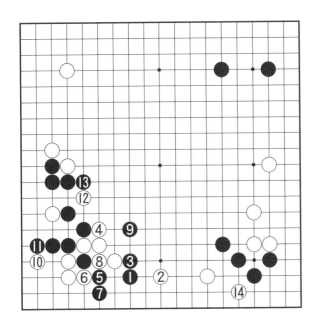

3도

3도(백 모양의 급소)

이다음 흑도 1의 마늘모 자리가 정석이 완결된 백 모양의 급소이다. 백 2로 협공하는 자세가 좋지만 흑3 이하 9까지 진출하며 귀의 백도 미생으로 전략한다.

　AI 시각에서 다음 백이 10, 12로 임시조치한 후 하변 14로 달리면 형세는 호각이다.

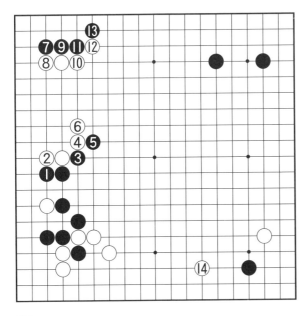

4도

4도(온건하게 받는 경우)

되돌아가서 흑1로 온건하게 받으면 백2로 막는 것이 기세이다.

　흑은 3, 5로 이단젖힘한 후 7의 3三침입이 좋은 수순이다. 이하 13까지 정리되고 나서 하변 백14로 협공하면 서로 어울린 형세로 본다.

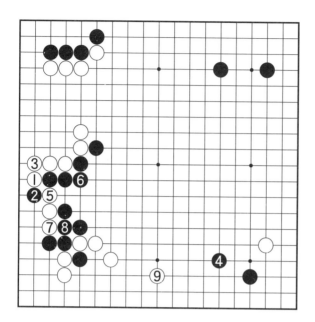

5도

5도(백, 젖혀이음)

앞 그림 흑13 때 백1, 3
의 젖혀이음도 집으로
큰데 흑도 4로 전환하는
것이 대국적 안목이다.

다음 백이 5, 7로 마
저 추궁한 후 9로 하변
을 다스리면 AI 시각에
서 흑이 약간 편한 정도
로 어울린 형세이다.

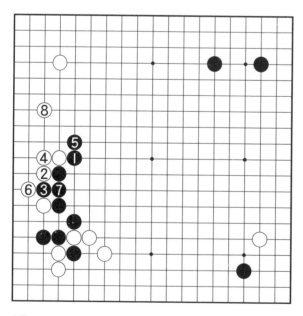

6도

6도(흑, 위로 젖힘)

마지막으로 흑1로 위에
서 젖히는 경우에 대해
알아보자.

백은 2의 맞젖힘이
효과적이며 이하 8까지
무난한 변화이다.

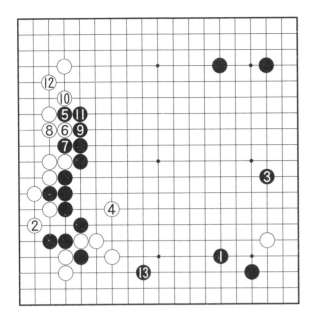

7도

7도(흑 대마 노리는 효과)

이다음 흑1로 전환할 때 백2는 집으로 크며 흑3에 백4로 중앙 흑 대마를 노리는 효과도 있다.

흑5의 붙임은 이하 12까지 좌변 백집을 굳혀주지만 흑도 이처럼 두텁게 보강해놓고 하변 13으로 향하면 AI 시각에서 거의 어울린 형세이다.

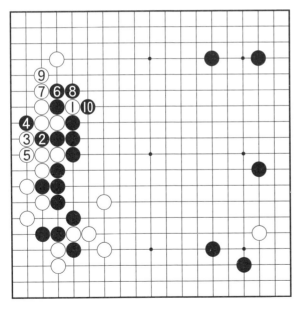

8도

8도(빵따냄 허용)

앞 그림 흑9 때 백1로 단수치면 어떻게 될까.

물론 백이 한점을 잡으면 유리하지만 흑2, 4로 활용한 후 6으로 나가 이하 10까지 오히려 빵따냄을 허용하면 백이 좋을 것이 없다.

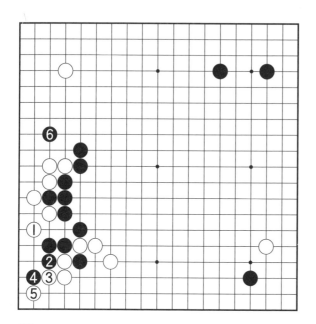

9도

9도(백, 옹색)

6도 흑5 때 백이 먼저 1로 호구치는 방안도 유력하다.

흑2, 4는 귀와 연결을 방해하는 수순인데 이때 백5로 막으면 좌변 흑6으로 압박해서 백이 옹색한 흐름이 된다.

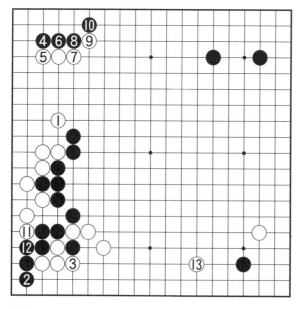

10도

10도(백의 정수)

앞 그림 흑4 때 좌변 백 1의 지킴이 정수이며 흑은 2로 빠진 후 4의 침입이 자연스럽다.

이하 10까지 되고나서 백11 다음 하변 13의 협공으로 향하면 AI 시각에서 백이 약간은 편한 형세이다.

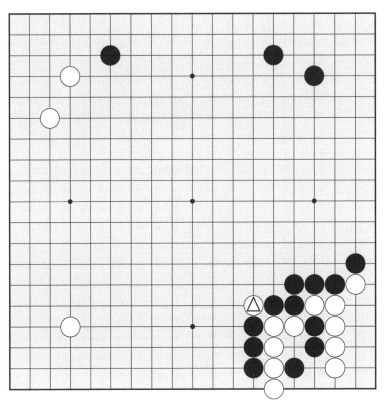

● 흑 차례

　서로 양화점 포석에서 우하귀는 백이 3三에 침입해서 파
생된 정석 모양이다. 흑은 귀에 실리를 허용한 대신 바깥에
벽을 쌓았는데 이 세력을 배경으로 싸움이 어떻게 전개되는
지 알아본다.
　세력을 통 크게 끊은 형태인 백△의 한점이 중요한 존재
인데, 이를 활용한 하변의 효과적 공방이 초점이다.

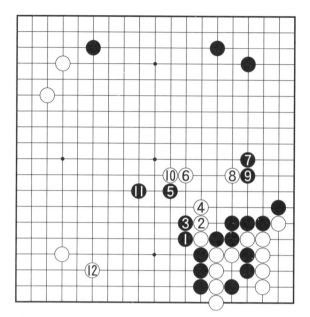

1도

1도(일반적 흐름)

우선 흑1 이하 5로 몰아
가면서 7로 우변을 벌리
는 것이 정석 이후의 일
반적 흐름이다. 백8, 10
으로 모양을 정돈한 후
12로 굳히며 하변을 견
제하면 AI 시각에서 형
세는 호각이다.

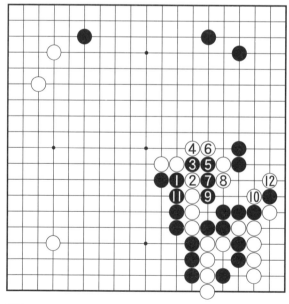

2도

2도(바꿔치기 형태)

앞 그림 백10 때 흑1, 3
으로 끊으면 어떨까.

백은 4 이하 8로 아낌
없이 단수친 후 10으로
끊고 12로 변의 한점을
잡을 수 있다.

그사이 중앙 백 넉점
이 잡혀 바꿔치기 형태
가 되지만 형세는 백이
약간 편한 정도로 본다.

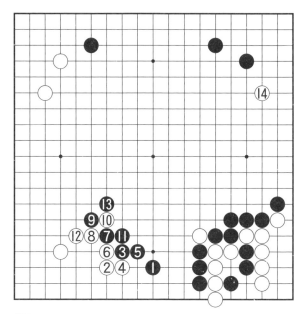

3도

3도(흑, 두칸벌림)

되돌아가서 흑이 하변부터 둔다면 1의 두칸벌림이 안정적 행마이다. 백 2로 마주 벌리는 것은 흑 모양을 제한하려는 조처이며 흑이 3 이하 13까지 두텁게 중앙을 결정하고 백도 14의 걸침으로 향하면 AI 시각에서 거의 호각이다.

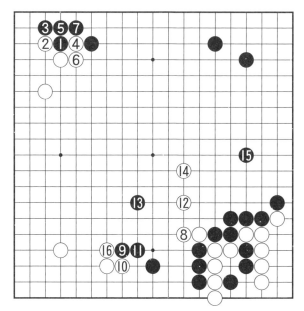

4도

4도(어려운 싸움)

앞 그림 백2 때 좌상귀 흑1로 방향을 전환하면 이하 7 때 백8로 중앙 한점을 움직이는 것이 하변 흑도 압박하는 효과가 있다.

이하 16까지 AI의 유력한 공방인데 서로 어려운 싸움이지만 어울린 형세로 본다.

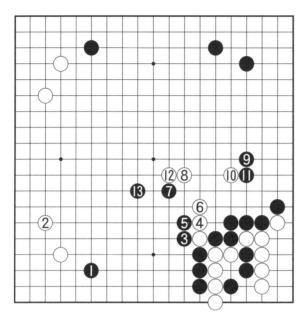

5도

5도(흑, 하변 주도)

처음부터 흑1의 걸침은 하변의 폭을 넓히려는 착상이다.

백2로 받으면 흑3 이하로 몰면서 13까지 1도와 비교해서 흑이 하변을 주도하고 있는 만큼 AI 시각에서 흑이 약간은 활발한 형세이다.

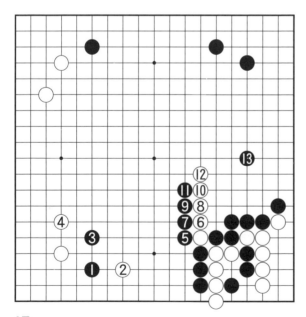

6도

6도(백, 한칸협공)

흑1에 백도 능동적으로 두자면 협공이 유력하다. 우선 백2의 한칸협공이면 흑3에 나간 후 중앙 5 이하로 몰면서 13까지 백이 양쪽을 수습해야 하는 만큼 약간 불리한 흐름이다.

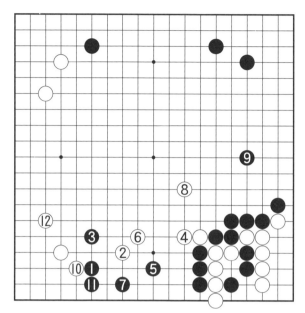

7도

7도(효율적 높은 협공)

흑1에 백2의 높은 협공
이 이때는 효율적이다.
흑3에 나가면 백4로 중
앙 한점을 움직이며 8까
지 모양을 갖춘 후 흑9
로 우변을 지킬 때 백도
10, 12로 좌하귀를 지
키면 AI 시각에서 서로
균형이 잡힌 형세이다.

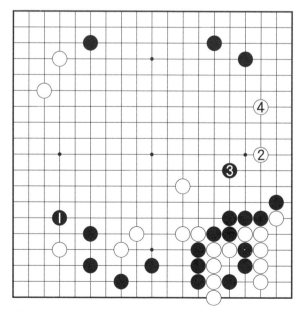

8도

8도(흑, 귀부터 공략)

앞 그림 백8 때 흑1로
먼저 귀를 공략하면 우
선 백도 2, 4로 우변에
터를 잡고 맞서는 것이
기세이다.

좌하귀는 흑이 한번
더 가일수해도 백이 조
그맣게 살거나 활용하는
맛이 있는 만큼 이 그림
은 거의 호각으로 본다.

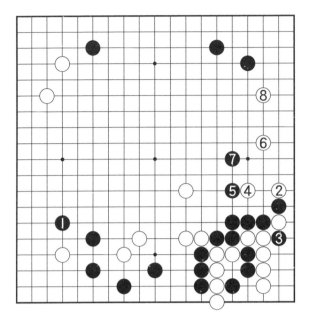

9도

9도(교묘한 활용)

흑1에 백2의 타이트한 겨붙임도 교묘한 활용이다. 흑3으로 한점을 잡을 때 백4 이하 8까지 가벼운 행마로 우변을 잠식하면 역시 형세는 거의 호각이다.

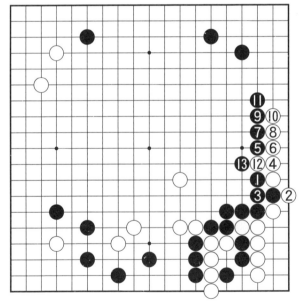

10도

10도(흑, 젖히는 경우)

앞 그림 백2 때 흑1의 젖힘이면 어떨까.

백2, 4로 나가는 것은 필연이고 흑5로 압박하면 백6 이하 기어나가 13까지 되고나서~

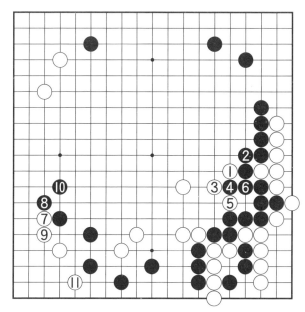

11도

11도(백, 활발)

우변은 백이 눌리고 있지만 중앙 백1로 껴붙인 후 5까지 기분 좋은 활용이다.

이래놓고 눈을 돌려 백7 이하 11까지 좌하귀를 안정하면 AI 시각에서 백이 활발한 형세이다.

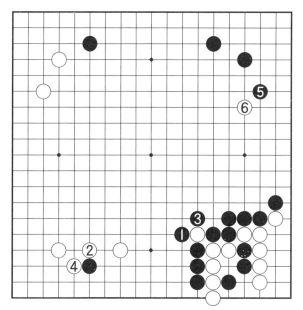

12도

12도(바꿔치기 양상)

7도 백2 때 흑1부터 단수치면 백2로 막는 것이 알기 쉬운 변신이며 흑3에 백4로 바꿔치기 양상이다.

다음 흑5의 굳힘에 백6의 어깨짚음은 AI의 추천 변화이며 거의 어울린 형세로 본다.

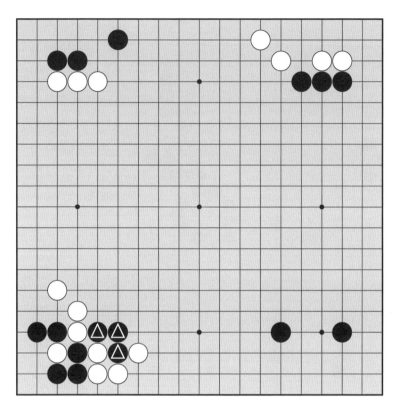

○ 백 차례

네 귀가 모두 AI시대에 흔히 볼 수 있는 정석 변화와 소
목 두칸굳힘이다. 좌하귀가 초점인데 한창 중앙으로 정석 모
양이 확산되는 중이다. 백은 귀에 실리를 허용한 대신 중앙
에서 힘을 내야 하는 상황이다.

흑이 약간은 편한 형세에서 앞으로 중앙 흑▲ 석점의 공
격에 따른 싸움이 어떻게 전개되는지 알아본다.

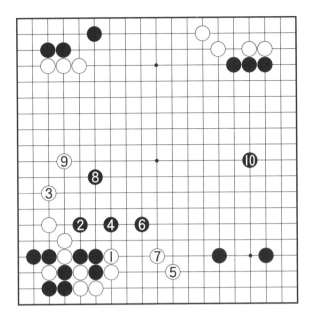

1도

1도(예전 수단)

우선 백1로 미는 것은 예전에 많이 두던 수단이다.

흑2에 좌변 백3으로 받으면 흑4로 모양을 갖추며 이하 10까지 AI의 무난한 변화인데 흑이 약간 편한 정도로 어울린 형세이다.

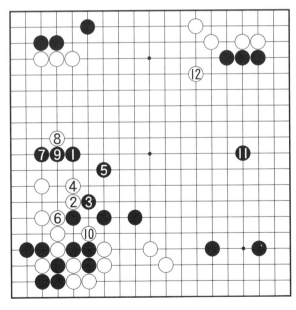

2도

2도(흑, 좌변 제어)

앞 그림 백7 때 흑1로 멀찍이 간격을 두고 좌변을 제어하면 백2 이하 6까지 상대에 기대어 자체 모양을 갖춘다.

흑7의 진입은 기세이며 이하 12까지 AI의 유력한 변화인데 형세는 거의 호각으로 본다.

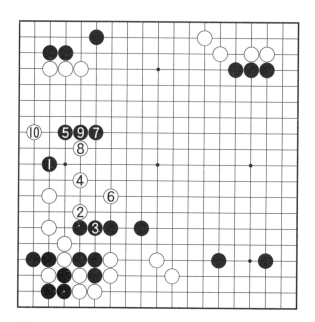

3도

3도(흑, 좌변 협공)

1도 백7 때 좌변 흑1로 협공하면 어떨까.

백은 2, 4로 모양을 갖추고 양쪽 흑을 노리면 충분한 싸움이다.

이하 10까지 AI의 유력한 변화인데 백이 약간 편한 정도 어울린 형세로 본다.

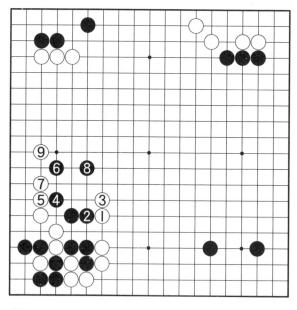

4도

4도(백, 중앙 중시)

1도 흑2 때 백1, 3으로 힘차게 뻗는 것은 중앙을 중시하는 수법이다.

좌변은 흑4로 압박하며 9까지 AI의 무난한 변화이며 서로 정돈하는 모습이다.

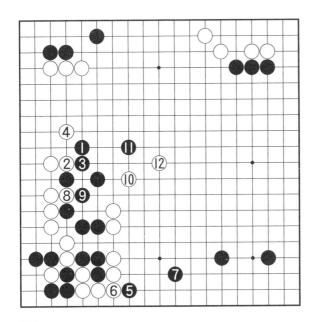

5도

5도(어려운 싸움)

이다음 흑은 1로 하나 선수해놓고 백2, 4에 흑 5, 7로 하변을 선점하는 것이 집으로 큰 자리이다. 백이 8로 활용해놓고 10, 12로 추격하면 서로 어려운 싸움이며 AI 시각에서 형세는 호각이다.

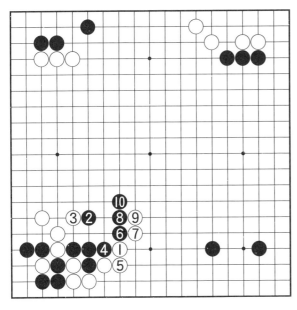

6도

6도(진화된 마늘모 공격)

처음으로 돌아가서 백1의 마늘모가 AI시대에 진화된 공격 행마이다.

이러면 흑2에 백3으로 짚어 좌변 모양에 탄력이 붙으며 흑도 4 이하 10까지 정리하는 흐름이 일반적이다.

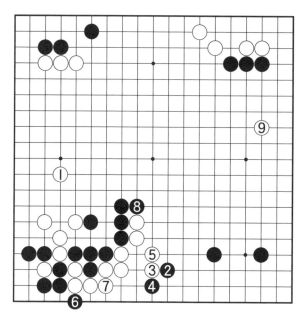

7도

7도(좌변 벌림이 우선)

이다음 백은 1의 좌변 벌림이 우선이다. 흑도 2로 벌린 후 8까지 하변 백을 위협하며 중앙도 제어하는 것이 세련된 행마이다.

다음 백이 9의 큰 자리로 전환하면 AI 시각에서 형세는 호각이다.

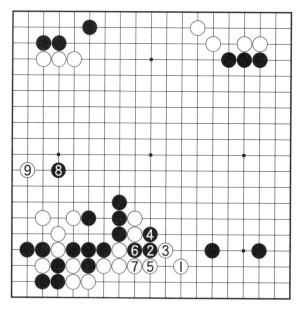

8도

8도(백, 불리)

6도 다음 백1로 하변부터 벌리면 흑2 이하 6까지 활용한 후 좌변 8의 협공이 위력적이다.

백이 중앙으로 나가기는 어렵고 9로 낮게 수습해야 한다면 불리한 흐름이다.

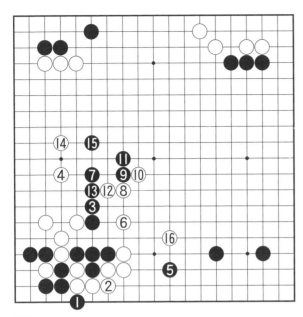

9도

9도(흑, 하변 선점)

거슬러 올라가 6도 백3
때 흑1, 3으로 보강해놓
고 5로 하변을 선점하는
것도 하나의 방안이다.

대신 백6, 8로 중앙
흑이 쫓기며 이하 16까
지 AI의 유력한 변화인
데 형세는 호각이다.

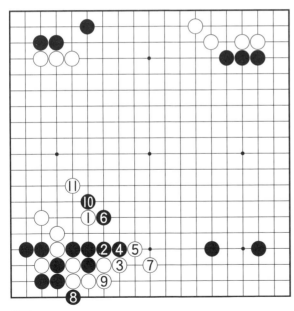

10도

10도(백, 위로 공격)

처음으로 돌아가서, 백1
의 날일자로 위쪽에서
공격하는 경우도 알아보
자. 우선 흑2, 4로 밀어
가면 알기 쉽다. 백이 5,
7로 하변을 지킨 후 11
까지 좌변도 방어하지만
흑도 중앙 젖힘이 두터
워서 충분하며 AI 시각
에서 거의 어울린 형세
이다.

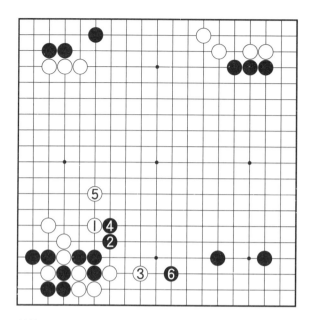

11도

11도(흑, 마늘모 나감)

백1에 흑2의 마늘모 나
감도 일책이다. 백3으로
한칸 벌리는 정도인데
흑은 4로 하나 선수해두
고 6으로 압박하는 흐름
이 제격이다.

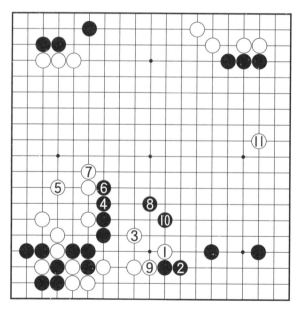

12도

12도(두터운 결단)

이다음 백1, 3으로 모양
을 갖추면 흑은 4, 6을
선수한 후 8, 10으로 봉
쇄해놓는 것이 두터운
결단이다. 백도 11로 우
변을 견제하며 맞서지만
AI 시각에서 흑이 약간
편한 정도로 어울린 형
세이다.

PART 2

능동적 전략

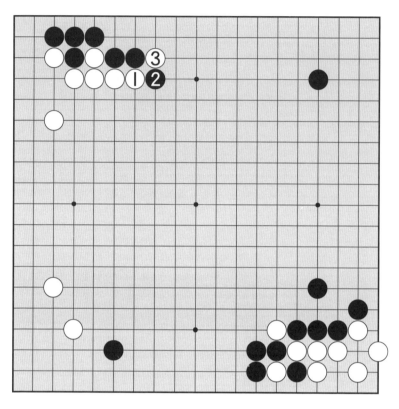

● 흑 차례

서로 양화점 포석에서 처음부터 흑이 양쪽 걸침으로 국면을 주도하는 중이다. 백도 우하귀 신형 정석을 마무리한 뒤 손을 뺐던 좌상에서 백1, 3으로 기세 좋게 눌러 끊은 장면이다. 서로 능동적 전략을 구사하는 중인데 이후 싸움은 어떻게 전개되는지 알아본다.

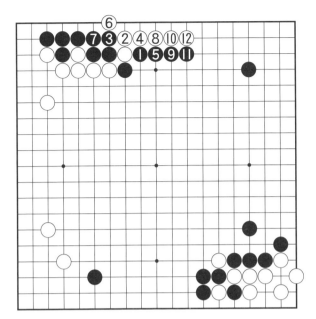

1도

1도(변쪽으로 몰면?)

우선 흑1, 3으로 변쪽에 몰면 어떻게 되는가.

백은 4 이하 12까지 기어나가는 것이 기세이 며 이제부터 반격을 노리다.

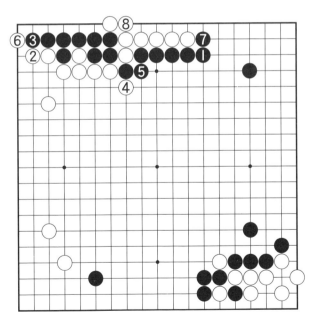

2도

2도(수상전 백승)

이다음 흑1로 한번 더 늘면 백2로 수상전에 돌 입해서 이하 8까지 한 수 빠른 백승이다.

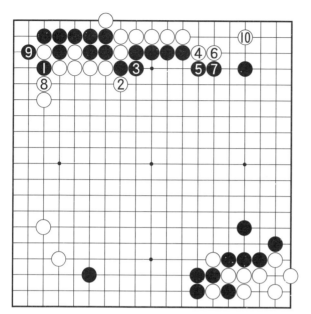

3도

3도(기분 좋은 젖힘)

1도 다음 흑도 1로 귀를 지키는 것이 우선인데 백은 2, 4로 기분 좋게 젖히며 변에 머리를 내민다.

흑5, 7로 틀어막아도 백8을 활용한 후 10으로 실속을 차리면 AI 시각에서 백이 단연 유리한 형세이다.

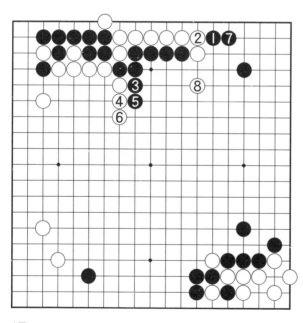

4도

4도(백, 유리)

앞 그림 백4 때 흑1로 근거를 위협하며 싸우는 것이 치열한 착상이지만 이하 8까지 AI의 제시대로 백이 중앙을 향해 달리면 걱정 없다.

이 진행은 중앙 흑도 미생인 만큼 백이 유리한 형세이다.

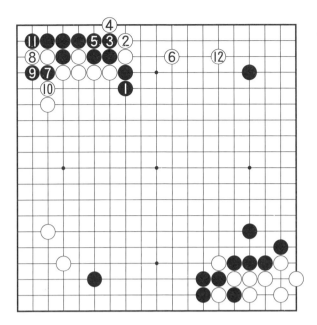

5도

5도(불안한 뻗음)

처음으로 돌아가서 중앙 흑1로 뻗는 것은 힘차지만 발밑이 불안한 행동이다.

백2 이하 6으로 안정할 때 흑7 이하 11까지 귀의 삶은 절대이며 백12로 상변 근거를 넓히면 AI 시각에서 백이 약간 유리한 형세이다.

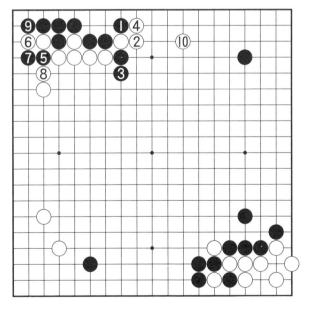

6도

6도(중앙에 뻗을 경우)

흑이 중앙으로 향하려면 1, 3으로 발밑을 다진 후 뻗는 것이 한결 낫다.

백4에 흑5 이하 9까지 집으로 크며 상변 백10으로 안정하면 백이 약간 편한 정도 어울린 형세로 본다.

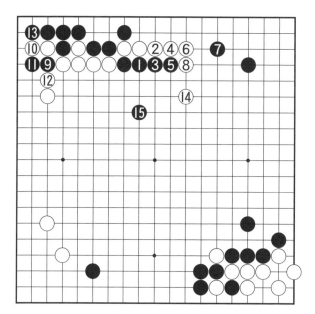

7도

7도(변에서 공격)

실은 앞 그림 백2 때 흑
1로 눌러가는 것이 가장
효과적이다.

　이하 백6 때 흑7로 변
에서 공격한 후 15까지
AI의 유력한 변화인데
형세는 호각으로 본다.

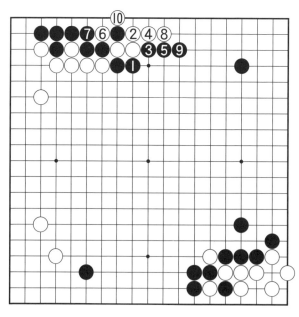

8도

8도(백이 막는 경우)

흑1에 백2로 막는 수도
많이 쓰이지만 이런 배
치에서도 유력할까.

　이럴 때는 흑3으로 젖
혀 누르고 백도 4 이하
10까지 일단 살아두는
것이 필연이다.

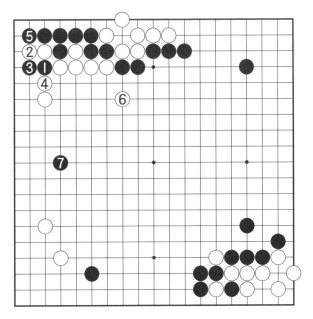

9도

9도(좌변에서 모양 견제)

이 다음 흑1 이하 5까지 귀의 삶은 절대이다.

백6의 날일자는 중앙 주도권을 쥐려는 날렵한 행마이지만 흑7로 갈라 쳐 좌변에서 모양을 견제하면 AI 시각에서 흑이 편한 형세이다.

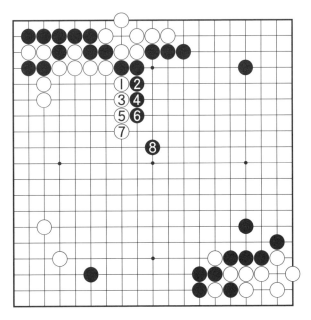

10도

10도(백, 젖히는 경우)

8도 다음 백1로 젖히면 흑2로 밀면서 이하 8까지 중앙을 넓히며 앞서 진출하는 흑이 역시 편한 형세로 본다.

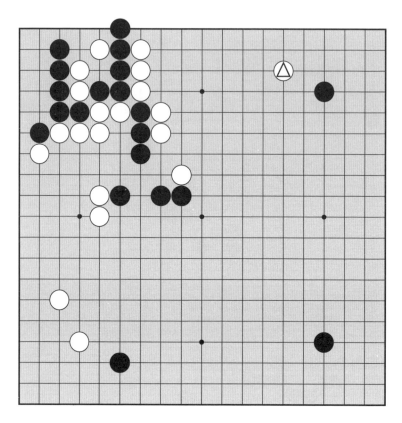

● 흑 차례

　　서로 양화점 포석에서 좌상귀 3三침입으로 시작된 신형 정석이 중앙까지 확산되고 있는 중이다. 백은 귀에 실리를 허용한 대신 좌변과 상변에 모양을 넓히고 있는데 마지막 수는 ⊘로 걸친 장면이다. 백이 약간은 편한 형세에서 다음 흑이 주도적으로 두자면 상변 약점을 이용하는 것이 과제이며, 이에 따라 싸움은 어떻게 전개되는지 알아본다.

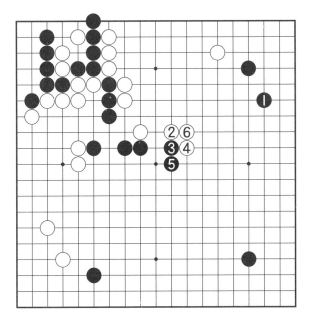

1도

1도(수동적 대응)

우선 흑1로 받는 것은 부분에 치우친 수동적 대응이다.

　백이 2 이하 6까지 중앙 흑말을 쫓으면서 모양을 보강하면 상변과 어울려 폭이 넓어지는 만큼 흑의 부담이다.

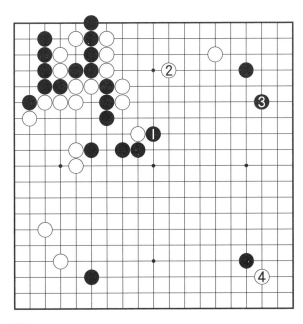

2도

2도(상변 수비가 제격)

흑1의 젖힘도 중앙 대세점이지만 이번에는 백2의 상변 수비가 제격이다. 다음 흑3으로 받고 백4로 침입하며 서로 큰 자리로 눈을 돌리면 AI 시각에서 백이 약간은 편한 형세이다.

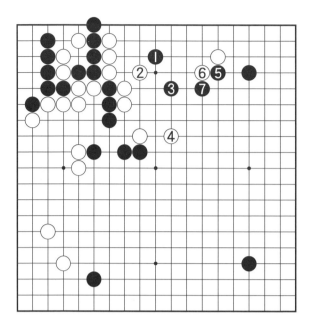

3도

3도(능동적 방안)

처음부터 흑1의 침입이 상변을 교란하는 능동적 방안이다.

백2로 약점을 지키면 흑3 이하 7까지 약간 엉성하지만 중앙을 차단하는 공작이 그럴듯하다.

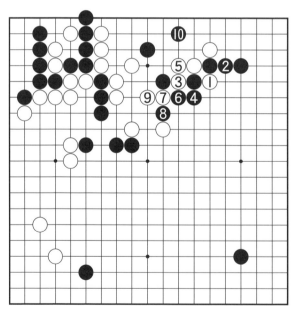

4도

4도(기세와 급소)

이다음 백1, 3으로 중앙 쪽을 단수쳐 가며 이하 7까지 끊는 것은 기세이다. 흑도 8을 활용한 후 10의 날일자달림이 모양의 급소이다.

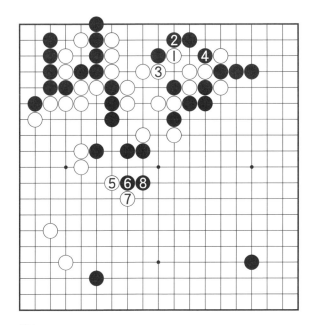

5도

5도(타협안)

계속해서 백1, 3으로 후퇴하고 흑4로 끊는 것은 서로 타협안이다.

흑이 상변을 잠식한 반면 백도 이 정도로 정리하고 나서 눈을 돌려 5 이하 8까지 중앙 공방을 주도하면 불만 없다.

AI 시각에서는 백이 약간 편한 정도 어울린 형세로 본다.

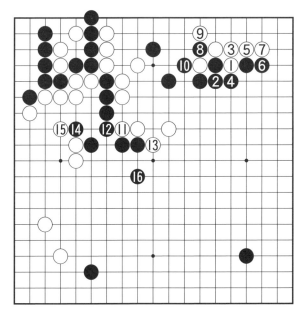

6도

6도(흑, 활발)

3도 다음 백1쪽에서 단수친 후 7까지 귀를 점거하는 것은 흑8, 10으로 한점을 잡는 정도로 두텁다.

중앙 백11 이하 흑16까지 공방은 서로 모양을 갖추는 과정이며 전체적으로 흑이 활발한 형세로 본다.

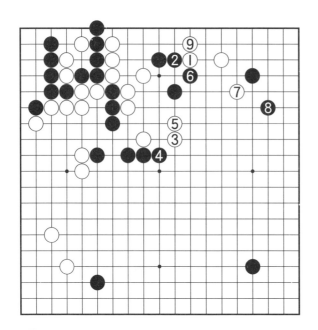

7도

7도(백, 유리)

거슬러 올라가 3도 흑3 때 백1을 선수한 후 3으로 두면 흑도 4를 선수한 후 6의 호구가 두터운 자리이다.

다음 백7에 흑8로 귀를 방어하는 것은 백9로 상변 흑이 쫓기며 귀도 엷은 만큼 백이 유리한 진행으로 본다.

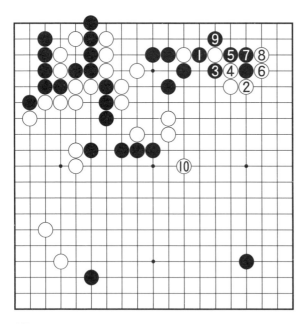

8도

8도(타협)

앞 그림 백7 때 흑1로 잡는 것이 정수이며 이하 9까지면 서로 귀와 변을 차지해 타협이다. 다음 백10으로 중앙 대세점을 선점하면 AI 시각에서 거의 호각이다.

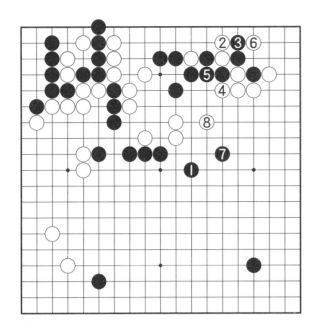

9도

9도(기분 좋은 활용)

앞 그림 백6 때 흑1로 먼저 중앙 대세점을 차지하면 어떨까.

백은 2로 키운 후 4, 6의 양쪽 활용이 기분 좋은 수순이다. 중앙은 흑7에 백8로 지키더라도 AI 시각에서 백이 약간 편한 형세로 본다.

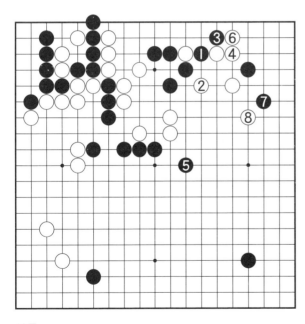

10도

10도(백의 일책)

흑1에 백2로 모양을 갖추는 것도 일책이다.

이하 8까지 AI의 유력한 변화인데 중앙 대세점은 흑이 선점했지만 백이 변과 귀를 제어해서 충분하며 거의 어울린 형세로 본다.

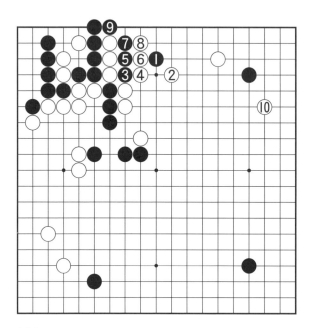

11도

11도(백, 포위하는 경우)

되돌아가서 흑1에 백2로 포위하면 흑3에 끊은 후 9까지 석점을 잡을 수 있다. 다음 백10으로 양걸침하면 AI 시각에서 흑이 약간은 편한 형세이다.

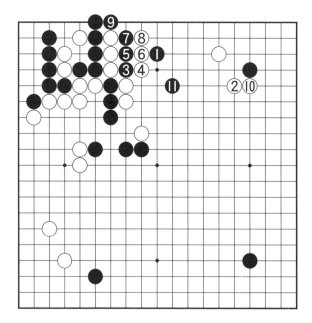

12도

12도(변을 크게 노림)

흑1에 백2의 날일자는 귀를 압박하며 변을 크게 노리겠다는 뜻이다.

흑3 이하 9까지 석점을 잡으면 백도 10으로 귀를 제압해 충분하다. 흑11로 나가면 백이 약간 편한 정도 어울린 싸움으로 본다.

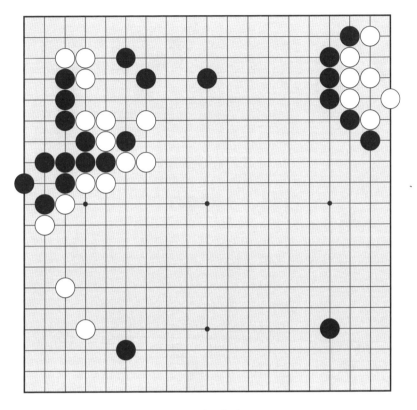

○ 백 차례

서로 양화점에서 출발해 귀를 넘나들며 국면의 전개가 빠른 포석 양상이다. 우상귀는 3三침입, 좌상귀는 양걸침에서 파생된 정석인데 특이한 점은 양쪽 모두 약점을 남기며 미완의 상태이다.

다음 백이 국면을 주도하려면 미완의 약점 공략이 과제이며, 이에 따라 싸움은 어떻게 전개되는지 알아본다.

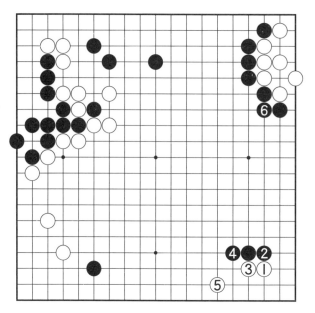

1도

1도(흑, 부담 없는 국면)
본론에 들어가기 전에 백이 급한 싸움을 피하고 싶다면 1의 3三침입도 일책이다.

　다만 흑2, 4 다음 6으로 약점을 이으면 흑이 부담 없는 국면이다.

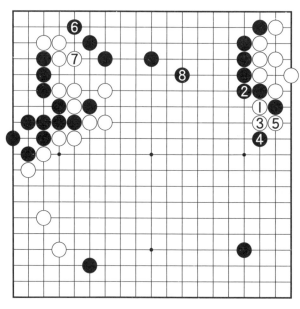

2도

2도(백, 한점 잡는 경우)
역시 백이 국면을 주도하려면 약점을 공략하고 싶다.

　다만 백1, 3으로 한점을 잡는 것은 흑4, 6을 활용한 후 8로 상변을 효과적으로 지키면 AI 시각에서 흑이 약간 편한 형세이다.

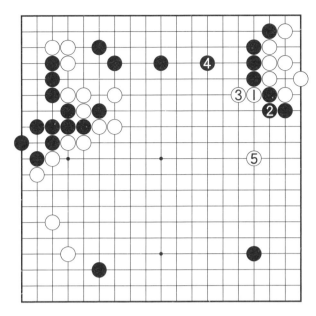

3도

3도(효과적 방안)

중앙 백1로 끊고 나서 5까지 크게 공격하는 것이 국면을 주도하는 효과적 방안이다.

그렇다고 백이 싸움을 완전 압도한다는 뜻은 아니지만 흑도 고심해야 할 상황에 처했다.

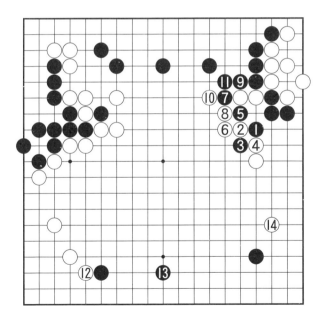

4도

4도(흑, 유리)

이다음 흑1의 마늘모로 나오면 백2로 막는 것은 기세이다. 흑3, 5의 단수 때가 중요한데 백6에 이으면 흑7의 젖힘으로 두점이 잡힌다.

이하 14까지 AI의 무난한 변화인데 백이 중앙을 차단하고도 엷은 모습인 만큼 실리가 충실한 흑이 유리한 형세로 본다.

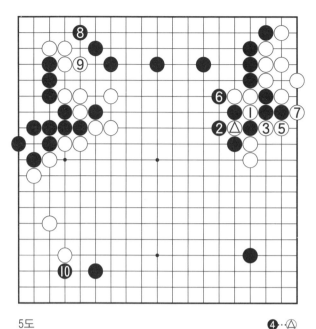

5도

④··△

5도(효과적 차단)

앞 그림 흑5 때 백1, 3으로 차단하는 것이 효과적이다.

흑도 4로 잇고 6으로 석점을 버리는 것이 간명하며 8을 활용한 후 10의 큰 자리로 전환하면 AI 시각에서 형세는 호각이다.

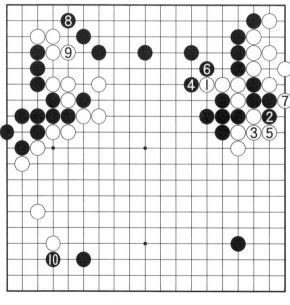

6도

6도(흑, 활발)

앞 그림 흑4 때 백1로 나가는 것은 아무런 득이 되지 않는다.

흑2로 수를 늘리고 나서 4, 6으로 바깥을 선수로 죄어 기분 좋고 8을 활용한 후 10으로 전환하면 이번에는 흑이 활발한 형세로 본다.

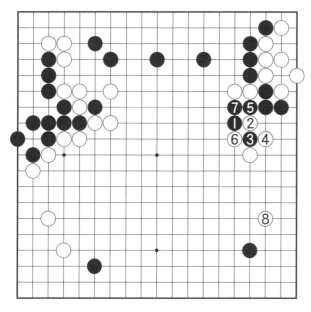

7도

7도(백, 활발)

거슬러 올라가 3도 백5 때 흑1의 날일자로 나가면 백2의 건너붙임이 차단하는 효과가 있다.

흑3의 맥으로 7까지 뚫고나갈 수 있지만, AI 시각에서 백이 기분 좋은 빵따냄을 배경으로 8로 걸치면 활발한 형세이다.

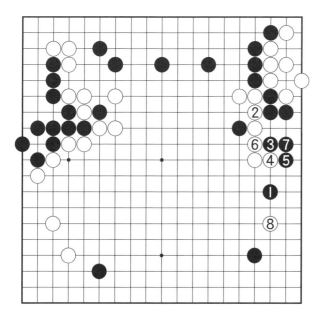

8도

8도(흑, 고심의 차선책)

앞 그림 백2 때 흑1의 다가섬은 급전을 피하려는 고심의 차선책이다. 백2로 차단하면 흑3 이하 7까지 본진은 변에 넘을 수 있다.

AI 시각에서는 백이 두터움을 배경으로 8로 침입하면 약간은 편한 흐름이라 본다.

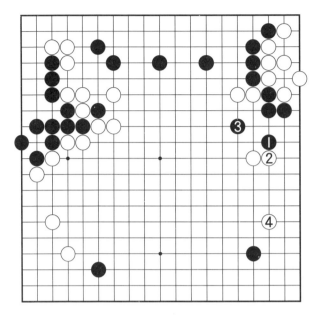

9도

9도(안정적 나감)

흑이 중앙으로 나가자면 우선 1, 3의 수순이 안정적이다.

백도 중앙 두점은 가볍게 보고 4부터 걸치면 AI 시각에서 형세는 호각이다.

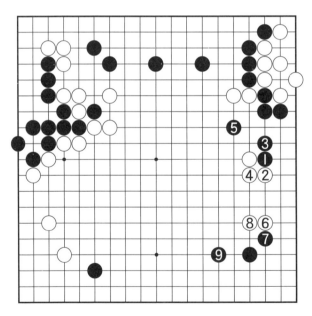

10도

10도(노련한 붙임)

되돌아가서 흑1의 붙임도 노련한 타개책이다.

백2, 4로 받으면 흑5로 나가는 자세가 좋고 백6에 흑7, 9로 강하게 받으면 흑이 약간 활발한 흐름이라 본다.

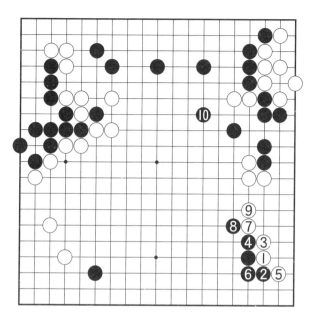

11도

11도(백, 능률적 붙임)

앞 그림 흑5 때 백1의 붙임은 AI가 권하는 능률적인 행마이며 이하 9까지 근거를 최대한 확보할 수 있다.

다음 흑10으로 포위하면 흑이 약간 편한 정도 어울린 형세로 본다.

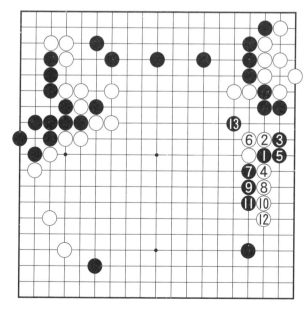

12도

12도(백, 안쪽 젖힘)

흑1에 백2의 안쪽 젖힘으로 반격하면 흑3의 되젖힘이 맥이며 백4, 6에 흑7의 끊음이 강수이다. 백8에 흑9, 11로 눌러 놓고 13으로 가르는 것이 기억해둘 수순이다.

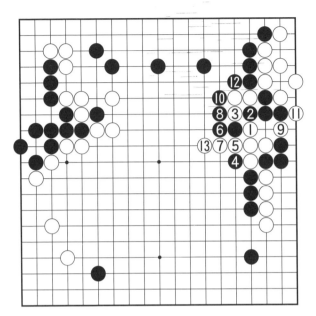

13도

13도(바꿔치기)

이다음 백1, 3으로 끊으면 흑4, 6으로 나가는 것이 교묘하다.

백도 7로 따라 나가서 이하 13까지 자연스레 바꿔치기하며 타협이 이루어진다.

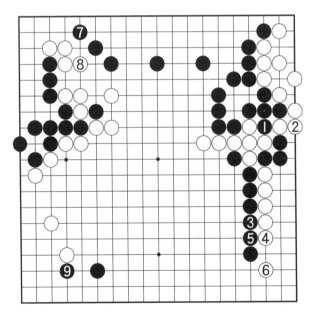

14도

14도(모범 변화)

계속해서 AI의 모범 변화를 제시한다.

우변 흑1을 결정한 후 3, 5로 두텁게 눌러 놓고 좌상귀 7의 활용 다음 9의 큰 자리로 전환하면 형세는 거의 호각으로 본다.

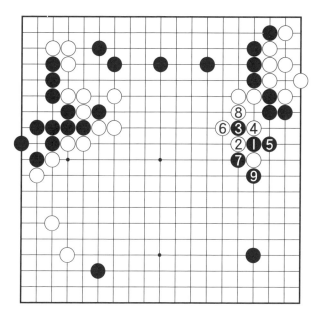

15도

15도(흑, 옆구리붙임)

되돌아가서 흑1의 옆구
리붙임도 직접 나가기
어려울 때 타개책이다.

백2에는 흑3에 되젖
히고 백4, 6으로 몰면
흑7, 9로 서로 한점을
잡는 것이 자연스런 타
협 수순이다.

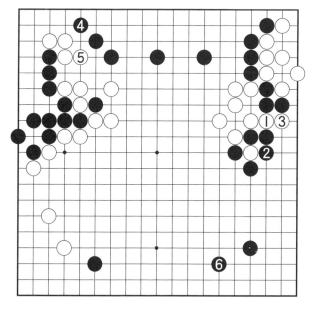

16도

16도(석점이 잡힌 대가)

이다음 백1, 3으로 석점
을 잡을 수 있지만 흑도
그 대가로 한점 빵따냄
과 더불어 4, 6으로 큰
자리를 선점하면 AI 시
각에서 흑이 약간은 편
한 형세이다.

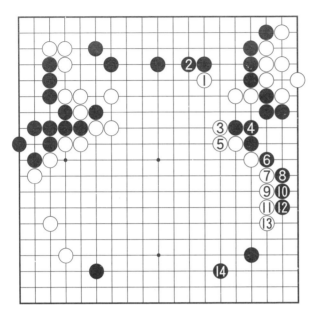

17도

17도(활용 후 이단젖힘)

15도 흑3 때 백1로 활용한 후 3의 이단젖힘은 중앙을 봉쇄하려는 뜻이다. 흑4로 이은 후 12까지 변으로 기어서 살아 두고 14로 귀를 지키면 AI 시각에서 흑이 약간 편한 형세이다.

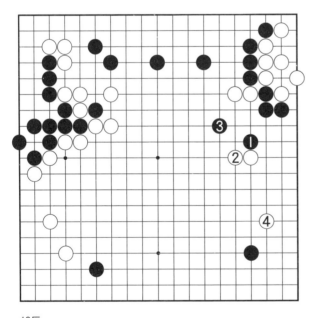

18도

18도(백, 간명책)

흑1에 백도 중앙 2로 늘면 간명하다. 흑3에 나갈 때 백4로 걸치면 형세는 호각으로 본다.

이 진행은 9도와 비슷한 맥락이다.

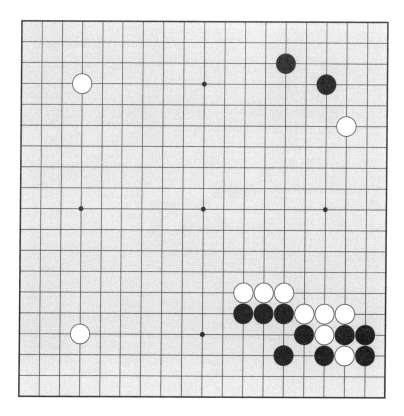

● 흑 차례

　화점·소목 포석에서 우하귀가 눈목자굳힘이다. 백은 화점에 걸쳐놓고 눈목자에 전격 붙이면서 이를 활용해 중앙을 눌러가며 우변의 폭을 넓히는 중이다.

　백의 능동적 전략이 돋보이는 장면인데 이후 모양의 약점을 이용해서 싸우는 요령에 대해 알아본다.

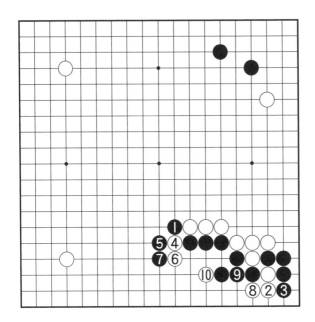

1도

1도(모양의 급소)

기세로는 중앙 흑1의 젖힘인데 백2로 귀에 잡힌 한점을 활용할 때가 문제이다.

흑3에 받으면 백4의 끊음이 통렬하다. 흑5, 7로 몰면 백8 다음 10의 붙임이 모양의 급소이다.

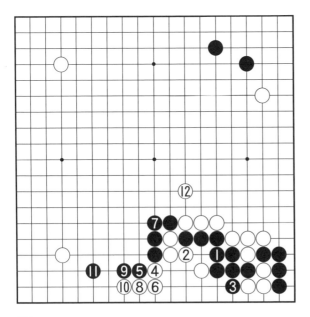

2도

2도(백, 중앙 요소 선점)

이다음 흑1의 이음은 절대이며 백은 일단 2 이하 6까지 모양을 갖춘다. 흑7로 약점을 이을 때 백8, 10으로 사는 궁도를 확보한 후 12로 중앙 요소를 선점하면 AI 시각에서 하변을 타개하고 중앙도 두터운 백이 단연 유리한 형세이다.

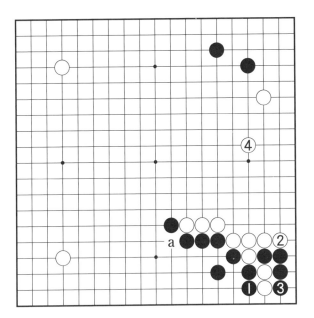

3도

3도(백, 두터운 모양 구축)

1도 백2 때 흑1쪽에서 막는 것은 a의 약점을 간접 보강한다는 의미가 있지만 백2, 4로 우변에 두터운 모양만 구축해도 역시 백이 단연 유리한 형세로 본다.

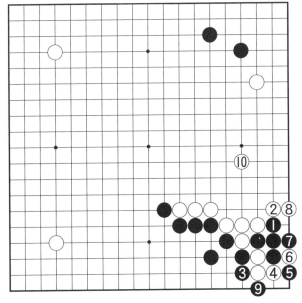

4도

4도(흑, 꼬부리고 막음)

변쪽 흑1로 꼬부리고 백 2에 받으면 흑3으로 막 는 것이 앞 그림보다 한 결 낫다.

　백도 4 이하 8까지 활 용한 후 10으로 우변 약 점을 효율적으로 방어하 면 AI 시각에서 백이 약 간 활발한 형세이다.

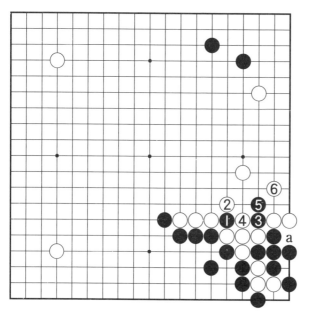

5도

5도(탈출 불가)

차후 흑1, 3으로 양쪽 약점을 끊으며 백진을 공략해도 6까지 포위하면 a쪽 자충이 작용하는 만큼 흑이 탈출하기는 불가능하다.

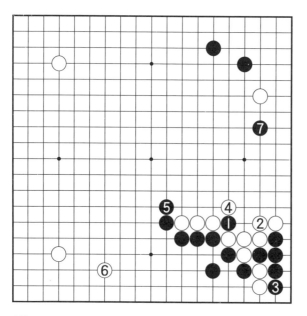

6도

6도(효율적 수순)

4도 백2 때 흑1로 끊어 놓고 귀쪽 3으로 막는 것도 효율적 수순이다.

백4로 보강하면 흑5로 올라서는 것이 힘차다. 다음 백6과 흑7로 큰 자리를 주고받으면 AI 시각에서 형세는 호각이다.

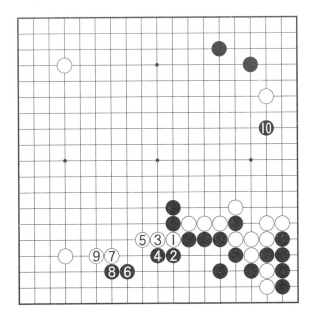

7도

7도(백, 능동적 끊음)

앞 그림 흑5 때 백1의
끊음도 능동적 강수이
다. 흑도 급전을 피하려
면 2 이하 8까지 하변을
지킨 후 우변 10으로 협
공하는 것이 무난하다.

백도 두점을 차단하
며 중앙을 주도하는 만
큼 충분하며 거의 어울
린 형세로 본다.

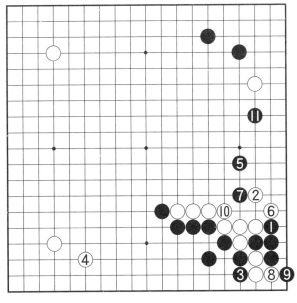

8도

8도(백, 유연한 뜀)

흑1에 백2로 뛰는 것도
유연한 대응이다. 흑3에
막으면 백4로 굳혀 하변
을 견제한다.

흑5 이하 11까지는
우변을 다스리는 AI의
활용법인데 형세는 호각
으로 본다.

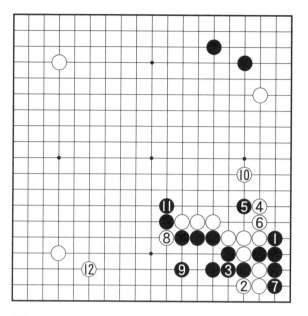

9도

9도(백, 단수치고 뜀)

흑1에 백2로 단수를 결정해놓고 4의 뜀도 일책이다. 흑5의 붙임은 AI의 추천 활용이며 백6에 흑7로 귀쪽을 막는 것이 상황에 맞다.

백8의 끊음에는 흑9의 수비가 안정적이며 우변 백10의 보강 때 흑11은 중앙 대세점이다. 다음 백12의 굳힘이 무난하며 AI 시각에서 백이 약간 편한 형세이다.

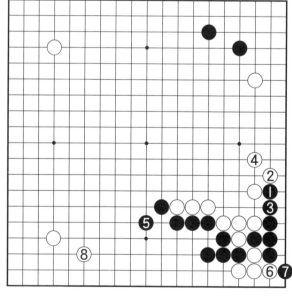

10도

10도(흑의 일책)

앞 그림 백4 때 흑1의 붙임도 하나의 방안이다. 백2, 4로 받으면 흑은 귀의 손질 없이 중앙 5로 지킬 수 있다.

백도 우변이 정리되었고 귀는 6으로 하나 선수한 이후 활용하는 맛이 남은 만큼 우선 8로 굳히면 백이 약간은 편한 형세로 본다.

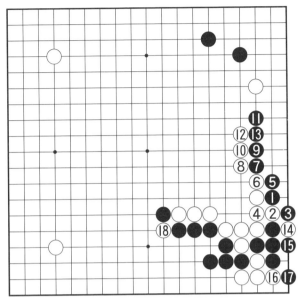

11도

11도(백, 끼워이음)

흑1에 백2, 4로 끼워 이으면 이하 13까지는 필연이다.

흑이 변으로 진출한 대신 백은 귀로 눈을 돌려 14, 16을 선수하며 팻맛을 남긴 후 중앙 18의 끊음이 강수이다.

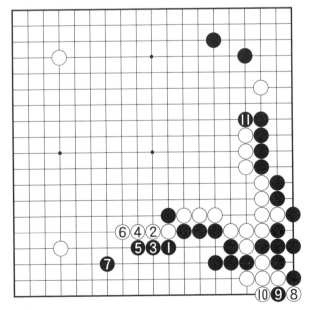

12도

12도(어지러운 국면)

이다음 흑도 1 이하 7까지 하변을 지키는 것이 안정적이다. 백8, 10으로 패를 걸면 흑은 당장 대응하지 않고 11로 꼬부리는 곳이 크다.

이 진행이면 AI 시각에서 백이 약간 편한 정도로 어울렸지만, 이런 선택은 국면이 어지러워 피하는 것이 보통이다.

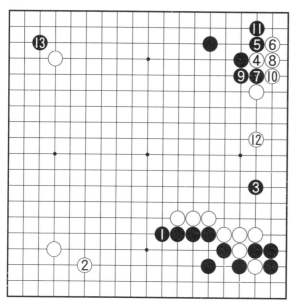

13도

13도(흑, 안정적 뻗음)

처음으로 돌아가서, 실은 흑이 분란을 일으키지 않으려면 1로 뻗는 것이 안정적 행마이다.

백도 2의 굳힘이 큰 자리이며 흑3은 우변을 제어하는 요소이다. 백4 이하 12까지 AI의 추천 변화인데 다음 흑13의 침입으로 전환하면 형세는 백이 약간 편한 정도로 본다.

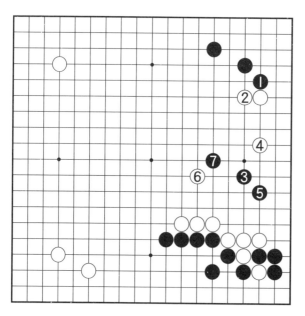

14도

14도(주도적 행마법)

앞 그림 백2 때 흑1로 선수해놓고 3의 갈라침도 주도적 행마법이다. 이하 7까지 AI가 제시하는 전투 흐름인데 서로 어렵다.

AI 시각에서는 백이 약간 편한 정도 어울린 형세로 본다.

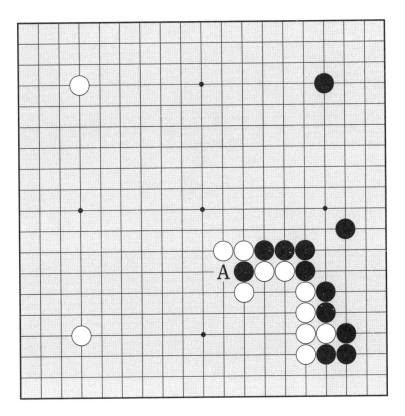

● 흑 차례

중국식 포석에서 처음부터 백이 우하귀 소목에 대뜸 붙이고 서로 기세 좋게 힘겨루기를 하면서 파생된 장면이다.

백이 중앙 한점을 두텁게 잡은 모습인데, 흑도 A로 나오는 맛을 노리며 하변을 삭감하는 것이 당면 과제이다. 서로 축머리를 염두에 둔 능동적 국면 운영에 대해 알아본다.

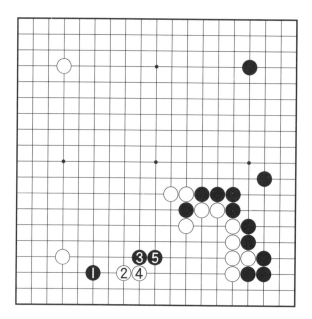

1도

1도(축머리 전략)

흑1의 걸침이면 백은 축머리 방어와 더불어 두 터움을 살리기 위해서도 협공이 효과적이다.

그렇더라도 백2의 한 칸협공이면 흑3의 씌움이 교묘한 축머리 전략이다. 백4로 간접 방어하면 흑5로 늘어 축머리가 가시화됐다.

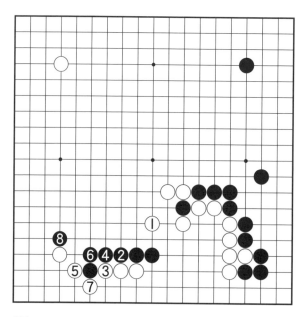

2도

2도(어울린 싸움)

이제 백1로 직접 축머리를 방어해야 할 상황이다. 다음 흑은 2, 4로 틀어막는 것이 기분 좋고 백5, 7로 넘을 때 흑8로 수습해가면 AI 시각에서 거의 어울린 싸움으로 본다.

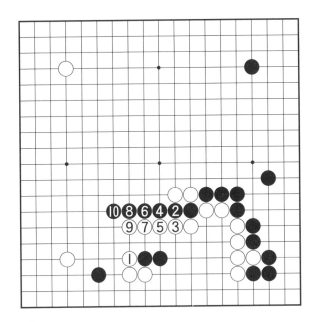

3도

3도(축머리 작용)

1도 다음 백1로 차단하고 싶지만 이번에는 축머리가 작용하여 흑2로 나가는 것이 성립한다.

백도 부득이 3 이하 10까지 밀어 중앙 두터움을 허용하면서 집으로 전환하면 타협인데, AI 시각에서는 이 진행도 호각으로 본다.

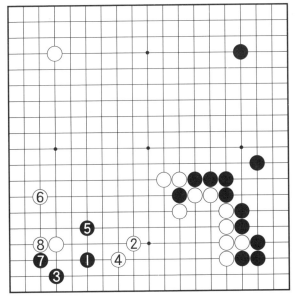

4도

4도(유연한 두칸높은협공)

흑1의 걸침에는 백2의 두칸높은협공이 축머리도 방어하는 유연한 선택이다.

이하 8까지 AI의 무난한 변화인데 백이 약간은 편한 형세로 본다.

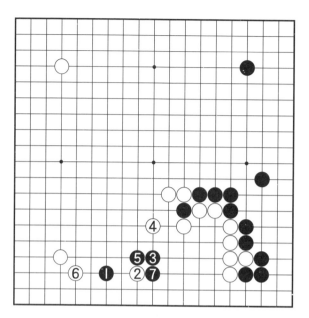

5도

5도(축머리 활용)

흑1의 눈목자걸침에도 백2의 한칸협공이면 흑3의 씌움이 축머리를 활용하는 알맞은 자리이다. 백4로 방어할 때 흑5, 7로 하변에 안정하면 AI 시각에서 형세는 호각이다.

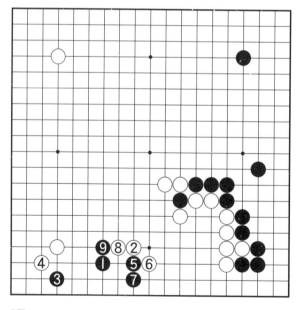

6도

6도(한칸높은협공이 적당)

흑1에도 백2의 한칸높은협공이 적당하다. 일단 흑도 3 이하 7까지 근거를 확보해두는 것이 안정적이다.

그런데 백8에 무심코 흑9로 받는 것은 문제가 발생할 여지가 있다.

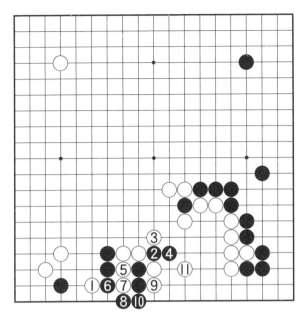

7도

7도(모양의 급소)

백1의 침입이 모양의 급소이다. 흑2의 끊음은 사전 공작이지만 백3, 5가 좋은 수순이며 흑6에 물러설 수밖에 없고 이하 11까지 되면 흑이 미생인 만큼 약간 불리한 진행이다.

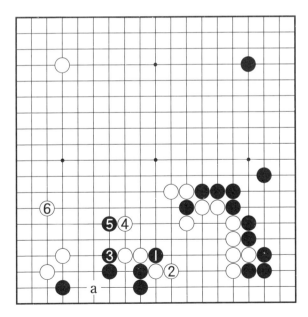

8도

8도(안전한 수순)

6도 백8 때 흑도 a의 침입을 방어하려면 미리 1로 끊어놓고 3으로 받는 것이 안전한 수순이다. 이하 6까지 무난하게 진행되면 AI 시각에서 백이 약간 편한 정도이다.

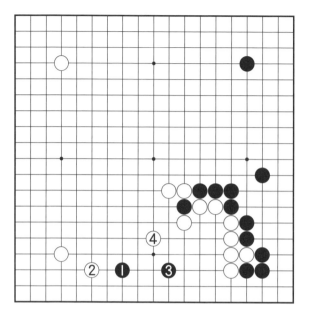

9도

9도(백, 유리)

이번에는 하변 갈라침에 대해 알아보자.

흑1은 귀에 가까운 갈라침인데 백2에 다가오면 흑3에 벌릴 때 하변 공간이 넓다는 이점이 있다. 다만 이 상황에서 당장 벌리면 백4로 축머리를 방어하며 흑진을 위협하는데, AI 시각에서 두터운 백이 유리한 흐름이다.

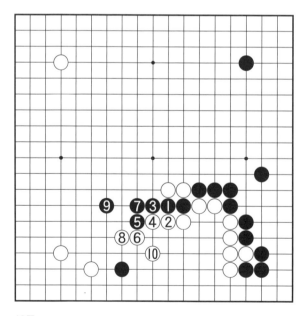

10도

10도(축을 나갈 찬스)

앞 그림 백2 때 흑1로 나갈 찬스이다. 이제 축이 불리한 백이 분란을 일으키지 않으려면 2 이하 8까지 밀고나가는 것이 안전하다.

흑9로 중앙을 중시하면 하변 백10으로 지키는 것이 집으로 큰데, AI 시각에서는 흑이 약간은 편한 형세로 본다.

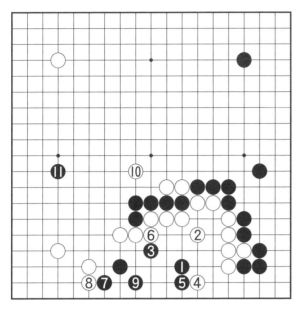

11도

11도(하변에서 흑삶)

집을 의식하면 앞 그림 백8 때 흑1로 벌리는 것이 유력하며 백도 단점이 있기에 흑말을 제압하기가 수월하지 않다.

백2로 지키는 것이 안전한데 흑3 이하 9까지면 안에서 알기 쉽게 사는 모습이다.

중앙 백10으로 힘을 내지만 흑11로 견제하기만 해도 흑이 유리한 형세로 본다.

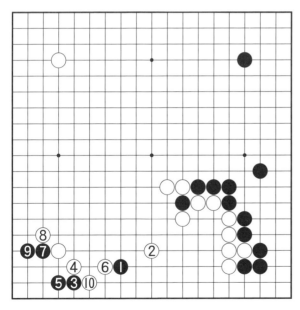

12도

12도(현명한 방어)

앞서 걸침에서도 보았듯 흑1에는 백2로 높은 위치에서 축머리를 방어하는 것이 현명하다.

흑3으로 근거를 도모하면 백4 이하 10까지 AI의 유력한 대응인데 귀는 허용했지만 하변 일대가 두터운 백이 약간 유리한 형세로 본다.

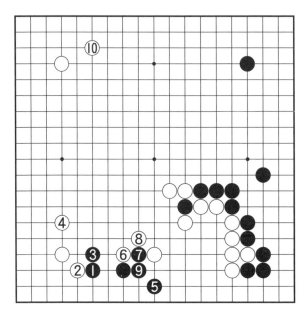

13도

13도(흑의 걸침 이후)

앞 그림 백2 때 흑1의 걸침이면 백2, 4로 받고 흑5로 안정할 때 백6, 8로 활용한 후 10의 굳힘으로 전환하는 것이 AI의 유력한 변화이다.

　이 진행도 여전히 백이 약간 유리한 형세로 본다.

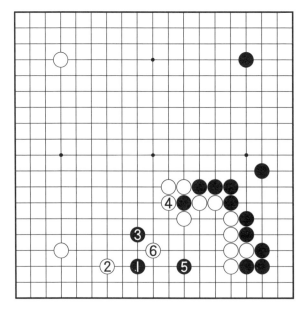

14도

14도(흑, 단순한 행마)

균형으로 보면 흑1의 갈라침이 가장 어울리는 지점이다.

　백2로 다가서는 경우 흑3, 5로 하변에 정착하려는 것은 9도보다도 못한 단순한 행마이다. 중앙이 두터운 백이 6으로 공격하기만 해도 단연 유리한 흐름이다.

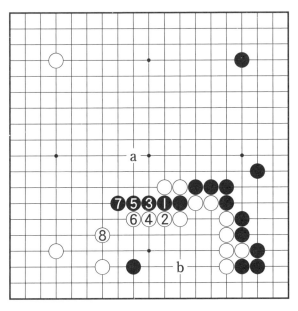

15도

15도(흑의 강수)

앞 그림 백2 때 축이 유리한 흑은 1로 나가는 것이 강수이다. 백도 2 이하 8까지 밀고나가 하변을 포위하는 것이 분란을 없애는 무난한 행마이다. 다음 흑은 a로 중앙을 제압해도 충분하지만, b로 벌려 삶을 도모해도 백이 고스란히 잡기 어려운 만큼 흑의 선택이 자유롭다.

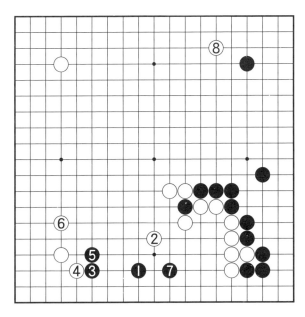

16도

16도(축머리 방어가 우선)

되돌아가서 흑1에는 백2로 축머리를 방어하는 것이 우선이다.

다음 흑3 이하 7까지 하변에 안정할 때 백8의 큰 자리로 전환하면 AI 시각에서 백이 약간 편한 정도로 어울린 형세이다.

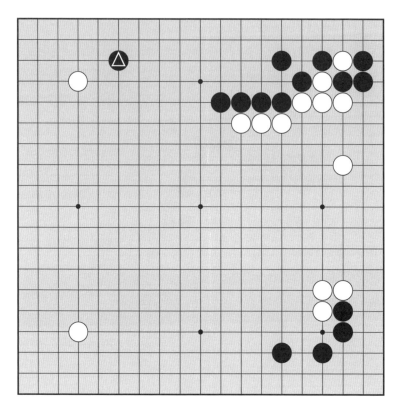

○ 백 차례

흑은 양소목 포석에서 우상귀가 눈목자굳힘이다. 백이 우하귀 기본 정석을 배경으로 눈목자굳힘을 주도적으로 활용하면서 우변에 모양을 구축했고, 흑도 ▲로 걸치면서 상변 모양의 폭을 넓힌 장면이다.

백은 상변 모양의 효과적 제어가 당면 과제이며, 이에 따라 싸움은 어떻게 전개되는지 알아본다.

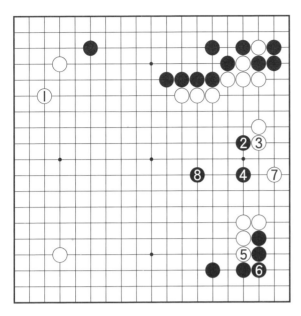

1도

1도(백, 수동적 받음)

우선 백이 무난하게 둔다면 1로 받는 것이지만 AI 시각에서 약간은 수동적이라 본다. 흑2 이하 8까지 우변을 삭감하면 형세는 아직 어느 한쪽으로 기울지 않았더라도 국면은 흑이 주도하는 모습이다.

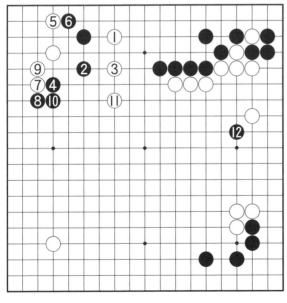

2도

2도(부분에 치우친 착상)

상변을 의식해서 백1, 3으로 협공하고 나가는 것은 부분에 치우친 착상이다.

흑4에 백5 이하 9까지 귀를 안정하면서 11로 중앙도 보강하지만 AI 시각에서는 다음 흑이 우변 12로 삭감하면 두터움과 실리가 공존한 흑이 약간 편한 정도로 본다.

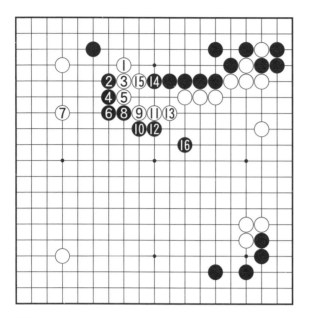

3도

3도(백, 높은 협공)

백1로 높게 협공한 경우는 어떨까.

흑도 대응이 여러 갈래 있지만 2 이하 6으로 압박한 후 백7에 흑8 이하 16까지 몰면서 우변을 향해 진격하면 AI 시각에서 흑이 약간은 활발한 형세이다.

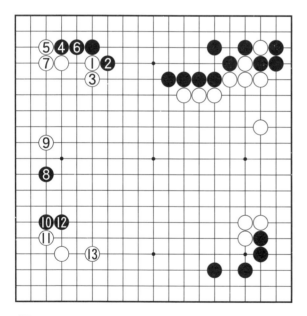

4도

4도(백, 기교 부족)

처음으로 돌아가서, 백은 상변 집을 허용하더라도 최대한 활용하는 것이 능동적 전략이다.

이에 따라 백1의 붙임은 좋은 착상이지만 3에 뻗는 것은 기교가 부족하다. 흑은 4, 6으로 상변을 편하게 지킨 후 8로 갈라쳐서 좌변 견제하는 흐름이 좋다. 이하 13까지 되고나서~

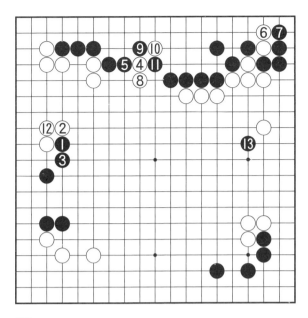

5도

5도(흑, 순조로운 정리)

다음은 AI가 보여주는 모범 변화이다.

흑1, 3으로 보강하는 것이 기민하다. 이제 와서 백4 이하 10까지 상변을 최대한 활용한 후 12로 좌변도 지키지만 우변 흑13의 삭감으로 전환하면 국면이 순조롭게 정리된 흑이 약간 편한 형세로 본다.

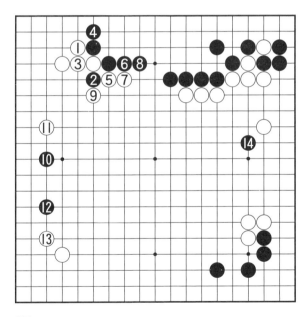

6도

6도(백, 발전된 활용)

4도 흑2 때 백1의 호구 지킴은 이런 배치에서 발전된 상변 활용이다.

흑2, 4에는 백5로 끊은 후 13까지 AI의 유력한 변화이며 다음 흑14로 우변을 삭감하면 형세는 호각으로 본다.

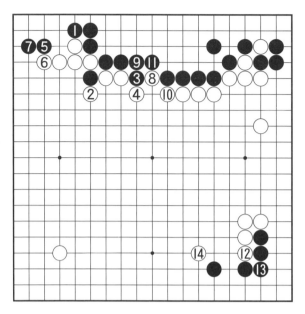

7도

7도(폭넓은 안목)

앞 그림 백7 때 흑1로 귀에 파고들면 중앙 백2로 잡은 후 14까지 AI의 폭넓은 안목이다.

흑 실리와 백 두터움의 대결이며 거의 어울린 형세로 본다.

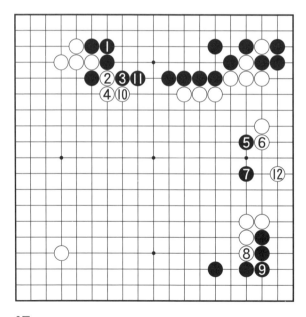

8도

8도(흑, 잇는 경우)

6도 백3 때 흑1의 이음도 일책이다. 백2로 끊으면 흑3을 하나 선수해 상변을 지킨 후 우변 5의 삭감이 안정적 수순이며 이하 12까지 AI의 유력한 변화인데, 이 진행도 거의 균형이 잡힌 형세로 본다.

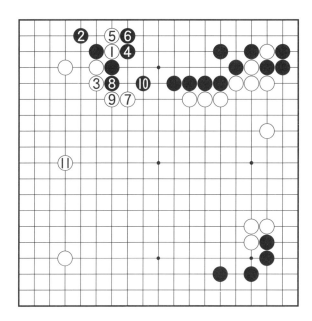

9도

9도(가장 강력한 활용)

거슬러 올라가 4도 흑2
때 백1의 끊음이 가장
강력한 상변 활용이다.

흑2의 마늘모가 이럴
때의 대응인데 백3에 받
고나서 흑4, 6으로 잡을
때 백7로 두텁게 활용하
면서 11로 좌변에 모양
을 구축하면 AI 시각에
서 백이 약간은 활발한
형세이다.

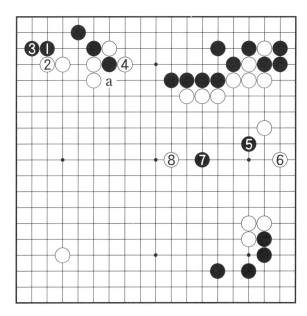

10도

10도(백, 국면 주도)

앞 그림 백3 때 흑1, 3
으로 귀에 파고들면 백4
로 잡아 충분하다.

다음 흑은 5로 우변
삭감이 우선인데 백6, 8
이 AI의 추천 공격법으
로 국면을 주도하는 백
이 약간 편한 정도로 본
다. 백8은 a로 나오는
맛을 방어하는 의미도
있다.

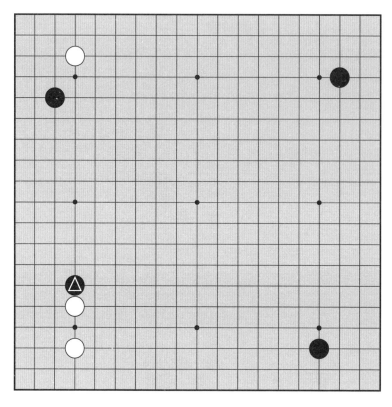

○ 백 차례

　흑은 양소목, 백은 향소목인 포석에서 흑이 먼저 걸치고 좌하귀 굳힘에도 ●로 대뜸 붙이며 능동적으로 국면을 주도하고 있는 장면이다.

　다음 백의 대응에 따라 서로 어떻게 싸우면서 국면을 정리해가는지 알아본다.

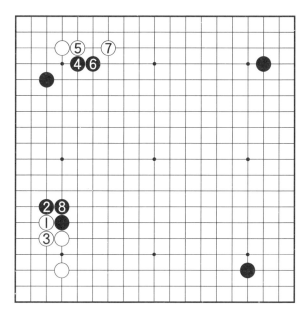

1도

1도(백, 소극적 대응)

우선 변쪽 백1로 젖히는 경우 흑2에 백3으로 잇는 것은 소극적 대응이다. 흑4, 6을 선수한 후 8로 잇기만 해도 좌변 폭이 넓은 흑이 국면을 주도할 준비가 되어있다. 물론 바둑은 이제부터지만 전략에서는 백이 뒤진다.

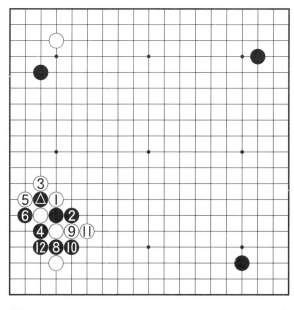

2도   ⑦··❹

2도(일단 단수)

앞 그림 흑2 때 일단 백은 1, 3으로 단수치고 싶다.

다음 흑이 4, 6으로 뒤에서 단수치고 백이 이을 때 흑8 이하 12까지 귀를 점거하면 누가 유리할까.

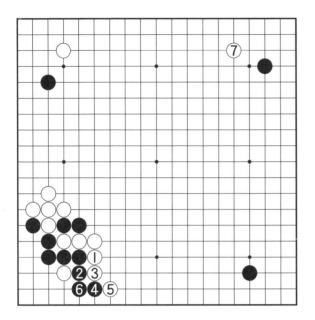

3도

3도(예상되는 변화)

이다음 백1 이하 5까지 하변을 틀어막은 후 7의 걸침이 예상되는 변화이다. 백은 두터움을 배경으로 속도를 내지만 흑도 실리에서 앞서는 만큼 이 진행이면 AI 시각에서 호각으로 본다.

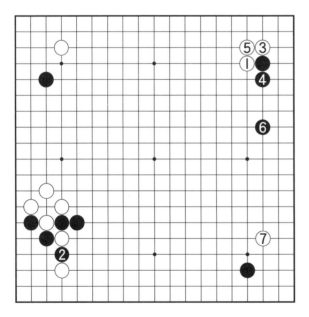

4도

4도(백의 특급 대안)

실은 2도 흑6 때 백이 잇지 않음을 흑이 간과했다. 패를 노리며 백1로 소목에 붙이는 것이 AI의 특급 대안이다.

패 부담이 있는 만큼 흑2로 가일수해도 백3, 5로 이쪽 귀를 선점한 후 7로 걸치면 백이 활발한 형세로 본다.

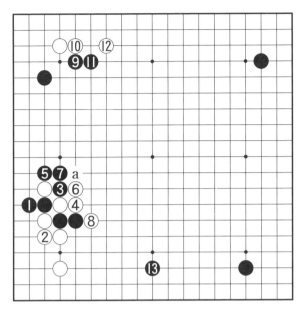

5도

5도(바꿔치기로 타협)

2도 백3 때 흑1로 나가고 백2로 잇는 것이 무난한 수순이며 이하 8까지 바꿔치기를 통해 타협하는 모습이다. 다음 흑9, 11로 눌러놓고 13으로 하변을 견제하면 AI 시각에서 형세는 거의 호각이다.

흑이 좌변을 중시한다면 13 대신 a도 대세점이다.

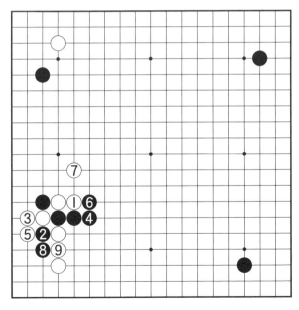

6도

6도(백, 미는 변화)

2도 흑2 때 백이 중앙을 중시한다면 1로 미는 것도 일책이다. 흑도 2로 끊고 4로 느는 것이 올바르며 이하 9까지 기억해둘 수순이다.

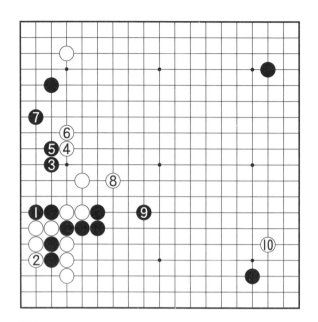

7도

7도(중앙 경합)

이다음 흑1을 선수하고 3으로 벌리면 중앙 백도 4 이하 8까지 모양을 갖춘다.

흑9로 지킬 때 백10의 걸침으로 전환하면 서로 중앙에서는 경합하는 모습이며 AI 시각에서 형세는 호각이다.

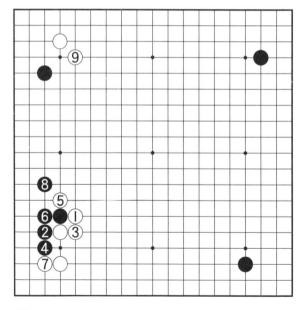

8도

8도(백, 중앙 젖힘)

처음으로 돌아가서, 중앙 백1로 젖히면 흑2로 맞젖히는 것이 효율적이다. 백3에 잇고 흑4에 백5로 단수칠 때가 기로이다.

흑이 변을 중시하면 6에 잇고 8로 진출한다. 백도 9로 전환해서 충분하며 거의 어울린 형세로 본다.

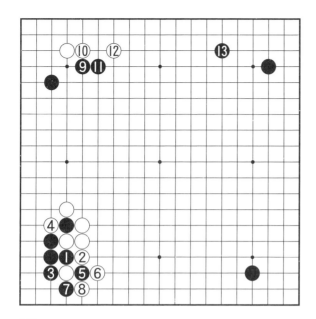

9도

9도(흑이 귀를 중시)

앞 그림 백5 때 흑1, 3
은 귀를 중시하는 선택
이다. 백은 4로 따내고
흑5에 백6, 8로 단수치
며 하변을 봉쇄하는 것
이 부분적으로 정석이
다. 백이 두터운 대신 선
수를 잡은 흑이 9, 11로
눌러놓고 13으로 굳히
면 AI 시각에서 형세는
호각이다.

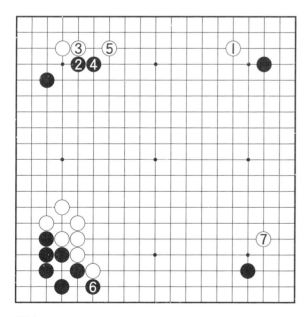

10도

10도(폭넓은 방안)

앞 그림 흑7 때 백이 큰
자리로 손을 돌리는 것
도 폭넓은 방안이다.

　그런 경우 백1로 걸
치면 흑2, 4로 눌러놓고
6의 호구도 두터운 자리
이다.

　백도 7로 재차 걸치
며 속도를 내면 백이 약
간 활발한 정도로 본다.

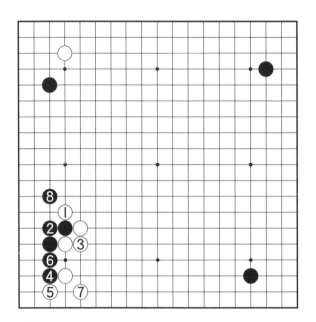

11도

11도(백, 손해)

8도 흑2 때 백1로 먼저 단수치고 3으로 잇는 것은 수순이 바뀌었다.

이번에는 흑4로 붙인 후 8까지 진출하면 8도와 비교해 귀에서 백이 손해이며 AI 시각으로는 흑이 약간 활발한 형세이다.

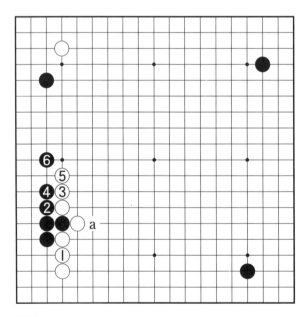

12도

12도(백, 부실한 모양)

앞 그림 흑2 때 백1로 잇는 것도 모양이 부실하다. 흑은 2로 밀고 6까지 진출하기만 해도 충분하다. 중앙 백 모양은 차후 흑이 a로 붙이면 활용되는 만큼 강력하지 않다.

AI 시각에서는 흑이 약간 편한 형세로 본다.

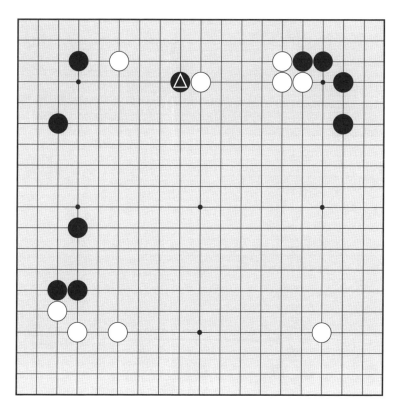

○ 백 차례

양소목 눈목자굳힘 포석에서 흑이 좌변을 선점하자 백은 상변에 최대한 폭넓게 모양을 구축한 장면이다. 흑▲의 붙임은 진영이 더 커지기 전에 삭감해두려는 능동적 활용인데, 서로 대응에 따라 싸움은 어떻게 전개되는지 알아본다.

참고로 백은 눈목자굳힘의 엷음과 연동해서 국지전을 수행하는 것이 핵심 과제이다.

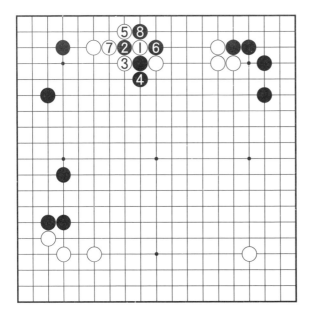

1도

1도(백, 변쪽 젖힘)

일단 백이 위든 아래든 젖히는 것이 상식이다.

우선 변쪽 백1로 젖히면 흑도 2로 되젖히는 것이 기세이며 백3, 5로 한점을 잡으면 흑6, 8로 단수치는 것이 능동적이다. 이때 백이 이으면 굴복이며 패를 노리며 두는 것이 효율적이다.

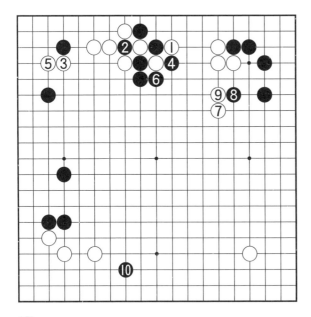

2도

2도(백, 미흡)

이다음 당장 백1로 패를 걸면 어떨까.

흑2로 따내면 백3에 팻감을 쓰고 6까지 AI가 제시하는 귀와 변의 바꿔치기인데 귀는 활용하는 맛이 남아 패의 대가로는 약간 미흡하다고 본다. 백7로 보강할 때 흑8을 선수하고 10으로 전환하면 흑이 약간 활발한 형세로 본다.

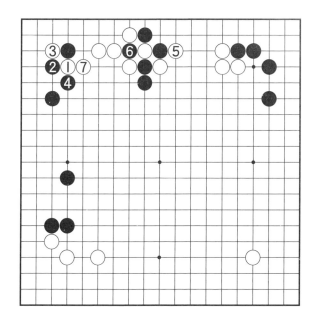

3도

3도(패를 거는 시기)

1도 다음 백1부터 두고
3으로 활용하는 척하면
서 흑4에 백5로 패를 걸
면 얘기가 달라진다.

흑6에 백7로 잇고 나
서~

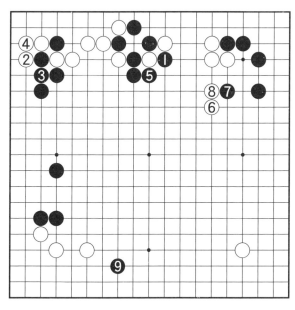

4도

4도(확실한 귀 제압)

흑1로 패를 해소하면서
5까지의 바꿔치기를 보
면 백이 귀를 확실하게
제압한 만큼 2도보다 낫
다. 이후 9까지는 2도와
같은 진행인데 AI 시각
에서 백이 약간 편한 정
도로 어울린 형세이다.

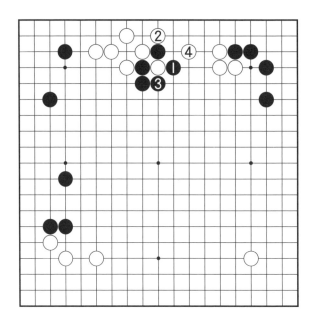

5도

5도(백, 넘어가서 충분)

1도 백7 때 흑이 패를 피해 1로 단순히 잡으면 백2, 4로 넘어가서 충분하며 AI 시각에서 백이 약간은 편한 진행이다.

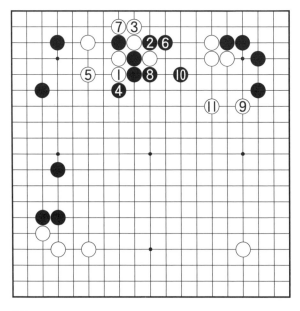

6도

6도(백, 밀어올림)

1도 흑4 때 백1로 밀어 올리는 것도 상용 수단인데, 흑은 2로 선수한 후 4의 젖힘이 AI의 대응법이다.

백5로 틀을 잡으면 흑6, 8로 잡는 것이 자연스럽다. 백9, 11로 축머리를 활용해 모양을 갖추면 거의 어울린 형세로 본다.

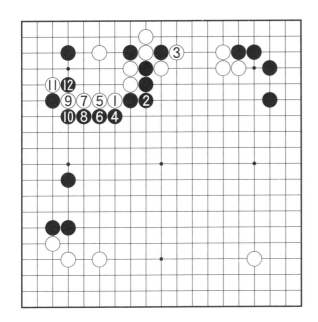

7도

7도(흑, 틀어막고 끊음)

앞 그림 흑4 때 백1로 젖히고 3으로 상변을 제압하면 어떨까.

흑은 4 이하 10까지 중앙을 틀어막고 백11에 흑12로 끊는 것이 강수이다.

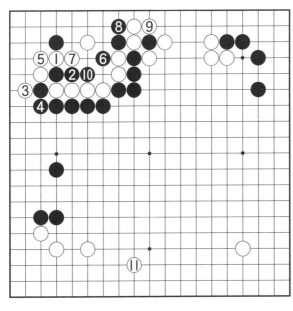

8도

8도(백, 활발)

이다음 백1에 흑2로 나가면 이하 10까지 바꿔치기가 필연이다.

백은 중앙 6점이 잡혔지만 귀를 점거했고 선수인 점이 자랑이다. 백11로 하변을 지키면 AI 시각에서 백이 활발한 형세이다.

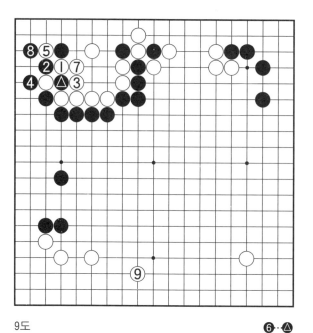

9도

6 ·△

9도(흑, 돌려치며 넘음)

백1에 흑은 2, 4로 돌려
치며 넘는 것이 올바르
다. 백5로 끊고 흑6, 8
로 단수칠 때 하변 백9
로 전환하면 형세는 호
각으로 본다.

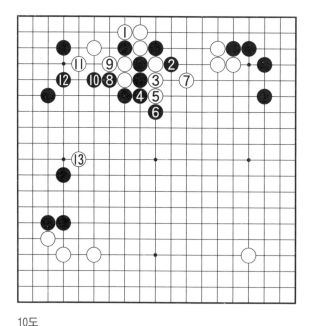

10도

10도(흑, 봉쇄가 자랑)

6도 흑4 때 그냥 백1로
잡는 것은 상변부터 보
호하려는 차원이다. 흑
은 2로 몰고 4로 잇는
것이 좋은 수순이다. 백
5, 7로 두점은 잡히지만
흑8 이하 12까지 봉쇄
가 자랑이다.

다음 AI는 백13의 삭
감을 추천하며 형세는
중앙이 두터운 흑이 약
간 활발한 정도로 본다.

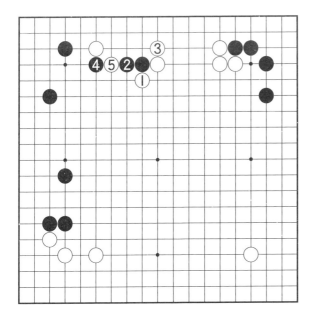

11도

11도(효과적인 끼움)

처음으로 돌아가서 중앙 백1로 젖히면 흑2와 백 3은 자연스런 행마이다.

이때 흑4로 막으면 백5의 끼움이 효과적인 맥이며~

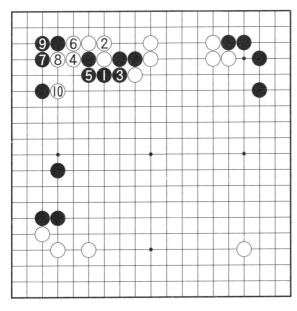

12도

12도(백, 유리)

흑1, 3으로 나갈 때 백4 이하 10까지 흑진을 파 헤치면 중앙도 노릴 수 있는 백이 유리한 흐름 이다.

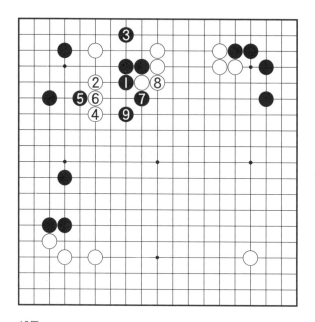

13도

13도(흑, 활발)

11도 백3 때 흑1의 꼬부림이 정수이며 백2에 흑3은 근거를 완전 차단하겠다는 의지이다.

다음 백이 4로 단순히 뛰고 흑5 이하 9까지 지키면서 백말을 추격하면 AI 시각에서 흑이 활발한 흐름이다.

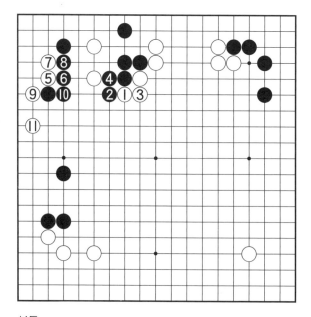

14도

14도(백, 유력한 방안)

앞 그림 흑3 때 백1, 3으로 중앙을 정리한 후 5의 붙임으로 귀를 괴롭히는 것이 유력한 방안이다.

이하 11까지 AI의 타협안인데 백이 두점은 잡혔지만 귀와 변을 넘나드는 탄력적인 모양을 갖춰 약간 편한 정도 어울린 형세로 본다.

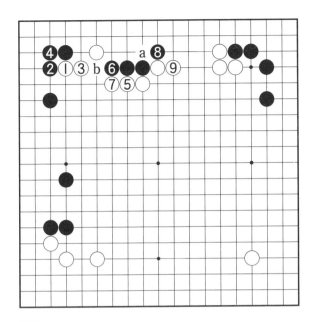

15도

15도(백, 귀부터 활용)

거슬러 올라가 11도 흑
2 때 백1로 귀부터 활용
해보는 것도 능동적 방
안이다.

이때 흑2, 4로 받으면
백5, 7로 눌러가는 것이
힘차다. 흑8에 백9로 늘
면 흑은 a의 약점 때문
에 b로 나가 끊는 것은
손해이다.

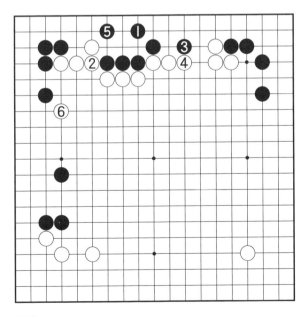

16도

16도(능동적 보강)

이다음 흑은 1로 변부터
지킴이 우선이며 백2로
차단하면 흑3, 5로 사는
형태를 취하는 것이 최
선이다.

다음 백6이 AI의 능
동적 보강인데 중앙이
두터운 백이 약간 활발
한 형세로 본다.

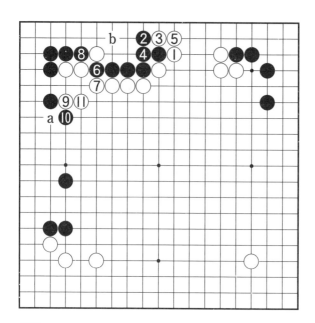

17도

17도(이단젖힘 강수)

15도 흑8 때 백1의 이단 젖힘도 유력한 강수이며 흑2에는 백3, 5로 타이트하게 압박한다.

흑6, 8의 끊음이 외길인데 백9, 11로 정돈하고 나면 a의 끊음과 b쪽 패가 남아 흑이 불리한 흐름이다.

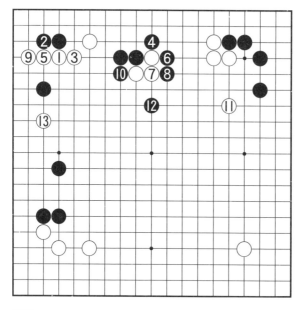

18도

18도(노련한 전략)

백1에 차라리 흑2로 물러서고 나서 백3에 상변 흑4로 젖히는 것도 노련한 전략이다.

다음 백5로 막은 후 13까지 귀와 변을 바꿔치기하는 것이 AI의 유력한 변화인데 거의 균형이 잡힌 형세로 본다.

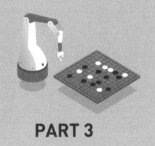

PART 3

공방의 요점

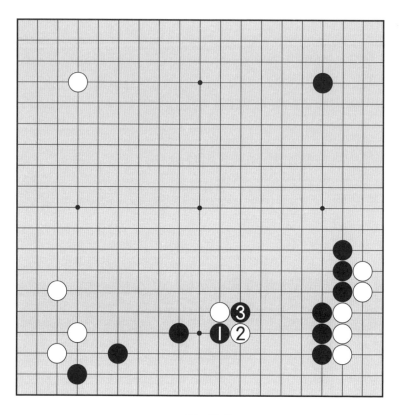

○ 백 차례

　양화점 포석에서 파생된 모양으로 하변이 초점인데 백 실리에 맞서 흑이 두터운 진영을 구축했다. 이때 백이 조심스레 중앙에서 삭감했는데도 흑1, 3으로 강하게 절단하며 반격한 장면이다.

　정교한 AI 관점은 백이 약간은 편한 흐름인데 이후 공방에 따른 국면의 요점에 대해 알아본다.

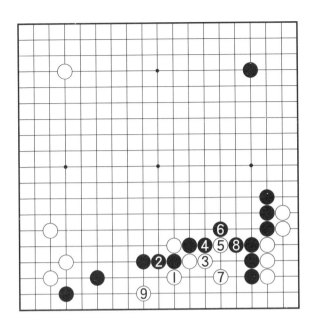

1도

1도(중앙 두터움 허용)

백이 안에서 살고자 하면 1로 단수친 후 9까지 하변에 근거를 확보할 수 있지만 대신 중앙에 두터움을 허용한다.

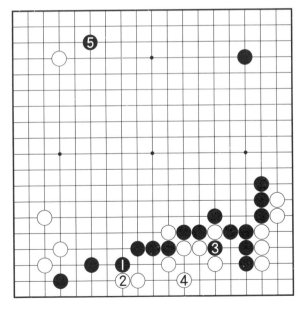

2도

2도(흑이 두텁게 주도)

이다음 흑1, 3을 선수해 놓고 5의 걸침으로 전환하면 AI 시각에서 흑이 실리는 부족해도 전국을 두텁게 주도하는 만큼 약간 활발한 형세로 진단한다.

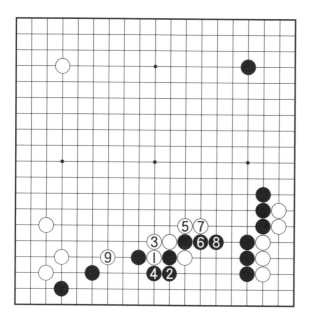

3도

3도(발전된 안목)

되돌아가서 백1쪽으로 단수치며 중앙에서 활용하는 것이 발전된 안목이다. 이하 8까지 되고 나서 백9의 어깨짚음이 하변 모양을 압박하는 급소이다.

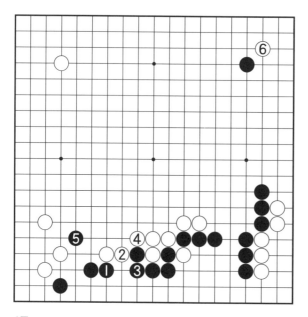

4도

4도(무난한 타협)

이다음 흑1로 받으면 백2, 4로 틀어막아 실리를 허용한 대가로 충분하며 서로 무난한 타협이다.

흑5로 나가 중앙 두터움을 견제할 때 백6의 침입으로 전환하면 AI 시각에서 거의 어울린 형세이다.

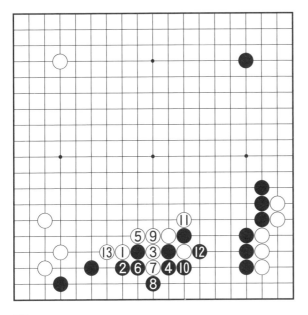

5도

5도(유력한 맥)

이런 배석에서는 백이 직접 맞부딪쳐 싸우면 상대를 압도할 수 없다.

전장에서 약간 벗어났지만 백1의 붙임이 유력한 맥이다. 이때 흑2로 아무 의심 없이 받으면 백3, 5로 단수친 후 이하 13까지 맞좋게 활용되며 흑은 하변 모양이 눌려 아주 불리한 흐름이다.

6도

6도(기세의 바꿔치기)

백1에 흑도 2로 중앙을 보강하는 것이 안전한 대응이며 이하 5까지는 기세의 바꿔치기이다.

다음 흑6의 막음은 두터운 자리이며 백7의 붙임은 우변을 의식한 AI의 고급 수법인데 백이 약간은 편한 흐름으로 본다.

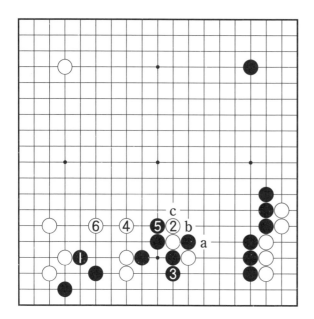

7도

7도(백, 활발)

앞 그림 백3 때 흑1로
귀부터 보강하면 백은
2, 4를 활용한 후 6으로
포위해서 활발한 진행이
다. 중앙은 백a, 흑b, 백
c로 나가는 활용도 남아
있어 좌하귀 흑이 살더
라도 불만이다.

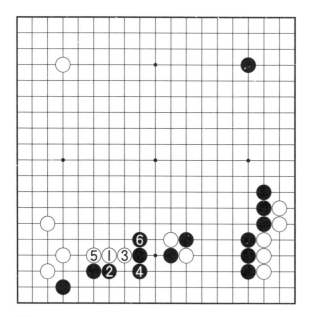

8도

8도(유연한 발상)

처음부터 백1의 어깨짚
음도 유연한 발상이다.
흑2로 받으면 백3, 5로
일단 막아둔다.

다음 흑6으로 올라선
것은 중앙 봉쇄를 피하
는 두터운 요소이다.

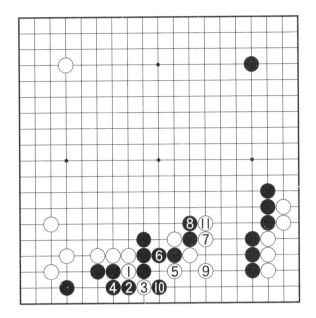

9도

9도(적진에서 활개)

이다음 백1, 3의 활용에 흑4로 잇는 것은 당연하다. 그런데 백5에 흑6으로 이으면 모양도 좋지 않고 백7 이하 11까지 적진에서 활개를 치므로 흑이 불리한 흐름이다.

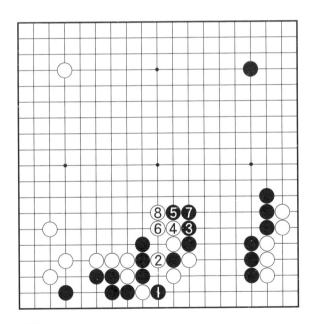

10도

10도(흑의 정수)

앞 그림 백5 때 흑1로 잡는 것이 정수이다.

백2로 따낸 후 8까지 서로 정리하면 타협인데 AI 시각에서는 하변을 부순 백이 약간 활발한 형세로 본다.

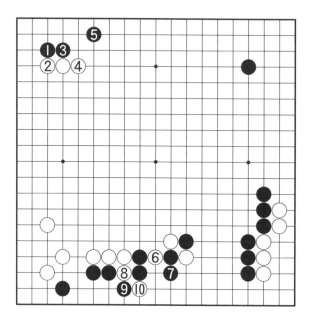

11도

11도(교묘한 활용)

8도 백5 때 흑1의 3三침입도 큰 자리인데 이처럼 하변에서 손을 빼면 어떻게 될까.

이하 5까지 되고나서 하변 백6에 먼저 단수치고 8, 10으로 끊는 것이 교묘한 활용이다.

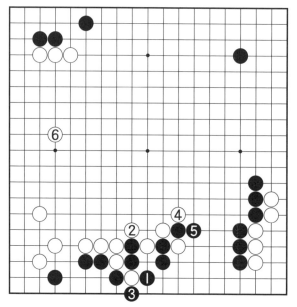

12도

12도(백, 활발)

이다음 흑1로 잡을 때 백2, 4로 활용하며 중앙을 다스리고 나서 좌변 6으로 지키면 AI 시각에서 백이 활발한 형세이다.

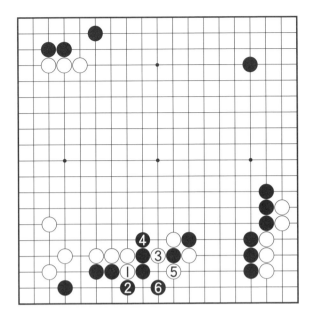

13도

13도(흑의 반발)

11도 흑5 다음 백1로 먼저 찌르고 나서 3에 단수치면 흑4로 올라서며 반발한다. 백5로 따내면 일단 흑6에 지켜두며 백말을 노리는 것이 효과적이다.

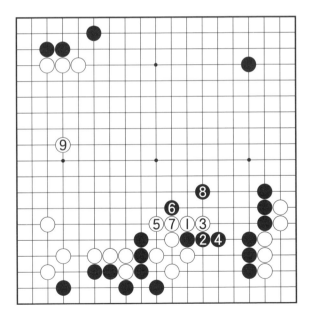

14도

14도(전투 요령)

하변 백은 아직 곤마이므로 1 이하 5까지 보강할 때 흑6, 8로 추격하는 일련의 공방은 AI의 전투 요령이다.

이제 하중앙 백은 당장 삶이 급하지 않은 만큼 9로 좌변부터 지키면 형세는 백이 약간 편한 정도로 본다.

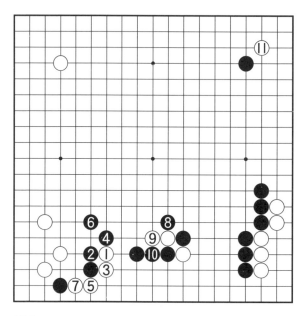

15도

15도(백, 유리)

되돌아가서 백1에 흑2로 반발하면 백3에 막고 버티는 것이 효과적이다. 흑4로 차단하면 백5의 젖힘이 준비되어있다. 흑은 하변과 연동해서 6 이하 10까지 두터운 지킴이 무난한데 백은 그동안 귀쪽 한점을 잡았고 다음 11의 침입으로 전환하면 실리가 충실한 백이 유리한 형세로 본다.

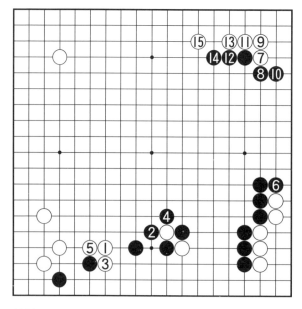

16도

16도(무난한 바꿔치기)

실은 백1에 흑도 2, 4로 두텁게 하변을 제압하며 바꿔치기하는 것이 가장 무난하다.

좌하귀 두점은 잡히지만 흑6으로 두텁게 막고 모양으로 승부하려는 전략이다. 다음 백7에 붙인 후 15까지 AI의 고급 변화인데 실리가 견실한 백이 약간은 편한 형세로 본다.

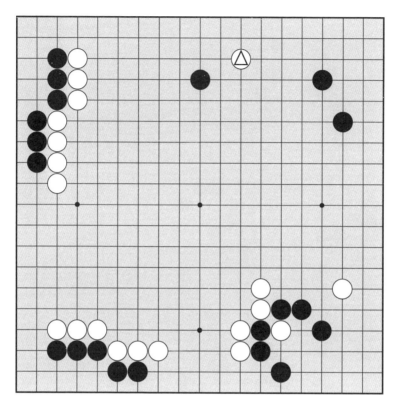

● 흑 차례

양화점 포석에서 흑은 AI의 주특기인 3三침입을 구사하며 실리작전을 펼쳤고 이에 맞서 백은 두터움으로 일관해서 파생된 모양이다.

극단적인 실리와 세력 대결 양상에서 집 부족을 의식한 백이 세력을 활용하기 위한 방안으로 상변 △로 침입한 장면인데 이후 공방에 따른 국면의 요점에 대해 알아본다.

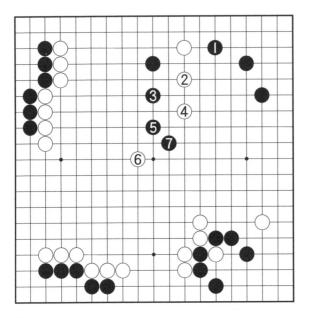

1도

1도(흑, 자연스런 삭감)

실속으로 보면 일단 흑1
로 변에서 공격하는 것
이 보통이다. 백2, 4로
뛰어나가면 흑도 뛰어
동행하면서 자연스럽게
중앙 두터움도 삭감하므
로 백이 달갑지 않다.

　AI 시각에서는 다음
백6으로 중앙 진입을 저
지할 때 흑7로 상변과
중앙을 가르고 나가면
집이 많은 흑이 활발한
흐름으로 본다.

2도(백, 중앙 중시)

앞 그림 흑3 때 백이 중
앙만을 생각한다면 1로
진출로를 차단하면서 이
하 9까지 영역을 크게
넓힐 수 있다.

　AI 시각에서는 그동
안 상변 백 두점이 위험
에 처했고 다음 흑10으
로 선수한 후 12로 삭감
하는 정도로 형세는 흑
이 편하다고 본다.

2도

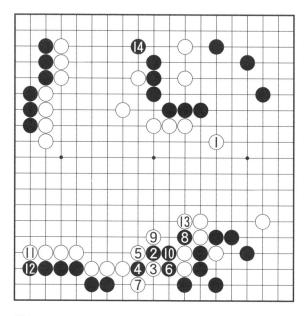

3도

3도(흑, 실리 월등)

앞 그림 흑10은 AI가 인정하는 요처인데 이때 손을 빼고 백1로 모양을 확장하면 어떻게 될까.

흑은 2로 침범해서 백3에 흑4로 끼운 후 10까지 한쪽 둑을 허물며 두 점을 잡을 수 있다.

백11의 활용 다음 13으로 더 이상의 중앙 진입을 저지해도 흑이 14로 상변을 제압하면 실리가 월등한 만큼 편한 형세로 본다.

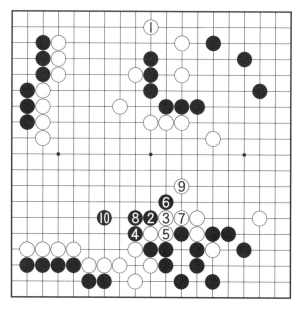

4도

4도(중앙 파괴의 맥)

앞 그림 흑12 때 백1로 상변을 살리면 흑2의 붙임이 중앙 파괴의 맥이다. 백이 물러서면 불리하므로 3의 반발이 기세이지만 흑4 이하 10까지 안에서 자세를 잡으면 백이 잡기 어려운 모양이다. 물론 잡지 못하면 집 차이가 커서 승부도 백이 어렵다.

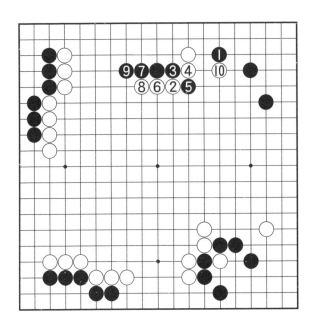

5도

5도(능동적 날일자 행마)

되돌아가서 흑1에 백이 중앙을 감안한다면 2의 날일자가 능동적 행마이다. 이때 흑3, 5로 끊으면 백6, 8로 밀어놓고 10의 붙임이 유력한 대응이다.

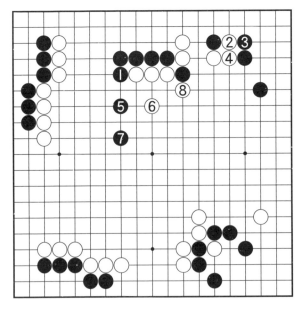

6도

6도(백, 두터운 정비)

이다음 흑1의 꼬부림은 중앙으로 나가는 요소이며 이하 8까지 AI의 유력한 변화이다.

흑이 중앙으로 진출한 대신 백도 두점을 잡으며 두텁게 정비한 만큼 AI 시각에서 백이 약간 편한 정도로 어울린 형세이다.

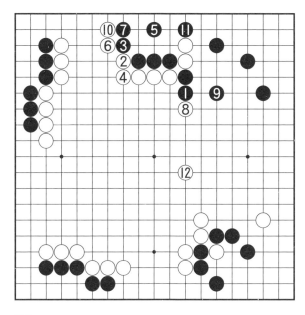

7도

7도(극단적인 대결)

5도 백8 때 흑1의 뻗음
은 상변 두점을 제압하
려는 의도이다. 백은 2
로 젖힌 후 10까지 선수
해놓고 12로 중앙을 둘
러싸면 충분하며 실리와
세력의 극단적인 대결로
다음이 어렵지만 거의
어울린 형세로 본다.

수순 중 백8의 활용
은 모양의 급소로 기억
해둔다.

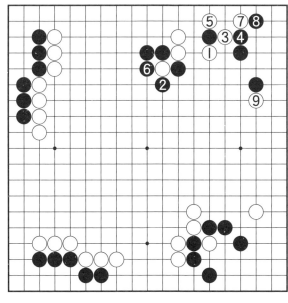

8도

8도(백, 간명한 붙임)

5도 흑5 때 백1로 먼저
붙이는 것도 간명한 선
택이다. 흑2의 축으로
한점을 잡고나서 이하 8
까지 서로 정비하는 모
습이다.

다음 백9의 붙임은
AI 특유의 능동적 전투
법인데 역시 형세는 거
의 어울렸다.

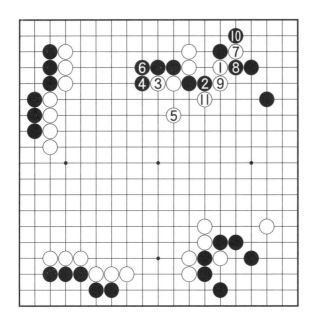

9도

9도(흑, 상변 압박)

백1에 흑2로 늘어 상변을 압박하면 어떨까.

백3, 5로 지켜놓고 흑6에 이을 때 백7 이하 11까지 두점을 잡는 흐름이면 백이 충분하다.

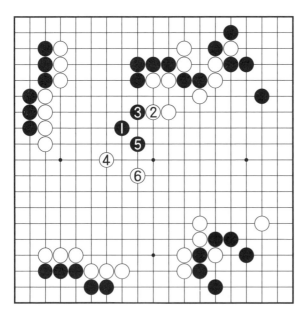

10도

10도(백, 효율적 추격)

이다음 흑도 1로 진출하지만 백2 이하 6까지 추격하면서 중앙을 효율적으로 지키면 AI 시각에서 백이 약간 활발한 형세이다.

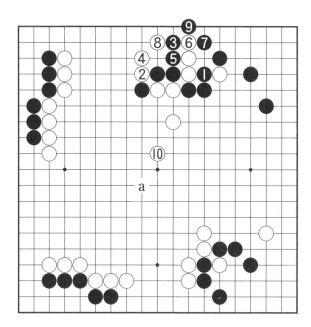

11도

11도(유력한 방안)

9도 백5 때 흑도 먼저 1로 상변 백말을 제압하는 것이 유력한 방안이다. 대신 백이 2로 끊어 8까지 활용해놓고 10으로 중앙을 정비하면 형세는 호각으로 본다. 사실 이 진행을 흑이 선택하려면 a 정도는 삭감해야 균형이 잡히며 이후 전투는 서로 어렵다.

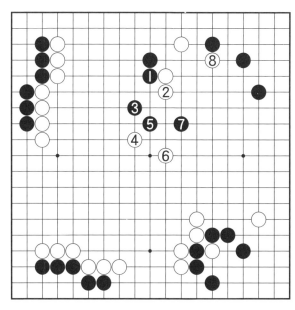

12도

12도(흑, 간명한 진출)

거슬러 올라가 5도 백2 때 흑1, 3으로 진출하면 간명하다.

　백도 4, 6으로 중앙을 방어하면서 상변은 8의 붙임으로 타개하는 것이 유력한 대응이다.

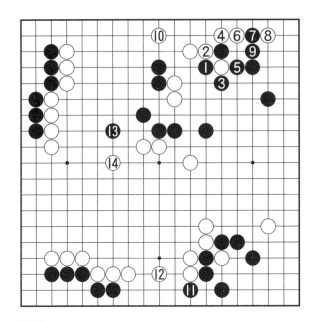

13도

13도(무난한 타협)

이다음 흑1, 3으로 한점을 잡는 것이 두텁고 백은 10까지 타개하고 나서 12, 14로 중앙을 방어하면 무난한 타협이다. AI 시각에서는 실리가 충실한 흑이 약간은 편한 형세로 본다.

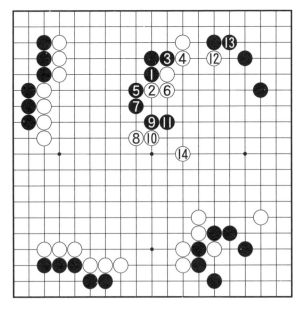

14도

14도(백, 중앙 젖힘)

흑1에 백2의 젖힘은 중앙을 도모하는 강수인데 흑이 3 이하 7의 수순으로 진출하면 간명하다.

다음 백이 8 이하 14까지 중앙을 방어하면서 상변도 버티면 형세는 호각으로 본다.

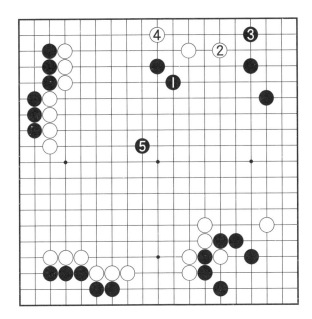

15도

15도(중앙을 의식한 방안)

처음으로 돌아가서, 흑이 중앙을 의식한다면 1의 마늘모로 위에서 압박하는 방안도 생각할 수 있다.

백2, 4로 지킬 때 흑5의 중앙 삭감은 AI가 추천하는 자리인데 형세는 호각으로 본다.

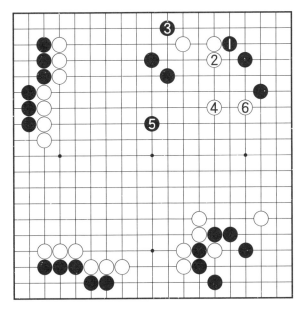

16도

16도(흑, 근거부터 공격)

앞 그림 백2 때 흑1, 3으로 근거부터 공격하면서 5로 자연스럽게 중앙 진출하는 것도 가능한 작전이다.

백도 일단 6으로 정비하면 역시 형세는 호각으로 본다.

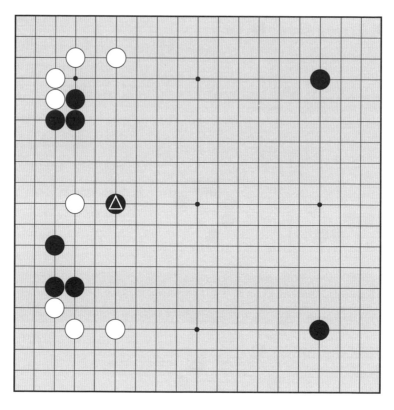

○ 백 차례

흑은 양화점이고 백은 화점과 소목이 배합되어있는 포석인데 좌변이 초점이다.

백 한점이 좌우 흑 모양을 견제하고 있는 상황에서 흑은 ▲의 모자 공격으로 국면을 주도하려는 참이다. AI 관점에서 이후 공방에 따른 국면의 요점에 대해 알아본다.

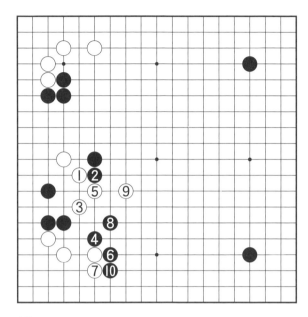

1도

1도(백, 마늘모로 나감)

우선 백이 아래로 나간 다면 1의 마늘모 행마가 상식인데, 흑은 2로 밀고 나서 4로 기대는 수순이 적절하다.

백5의 호구는 중앙으로 향하는 요소인데 이때 흑이 6 이하 10까지 하변을 두텁게 막으면 AI 시각에서 흑이 약간 활발한 형세이다.

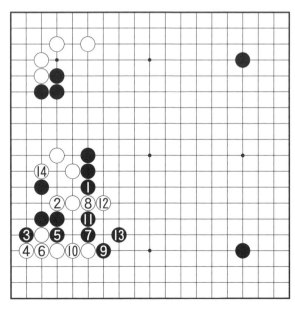

2도

2도(흑, 호구자리 공격)

앞 그림 백3 때 호구자리 흑1로 먼저 공격하면 백2로 좌변 흑 모양이 약해진다. 이하 13까지 흑이 보기 좋게 하변에 모양을 정비했지만 백도 그동안 귀의 실리를 굳혔고 좌변도 중앙으로 나가며 14로 정비했다.

이 진행은 AI 시각에서 호각이다.

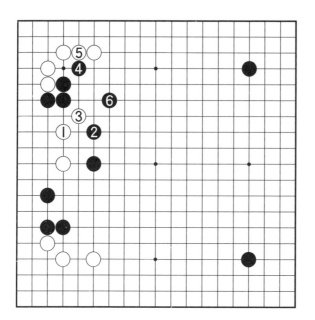

3도

3도(백, 한칸 행마)

되돌아가서 이런 구도에서는 백도 위로 움직이는 것이 안정적이다.

우선 백1의 한칸이면 흑은 2 이하 6까지 포위하는 것이 그럴듯하다.

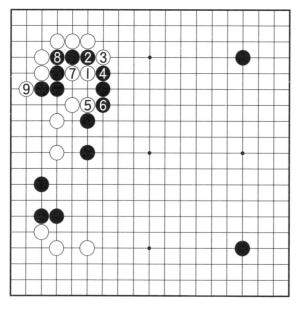

4도

4도(깔끔하게 잡힘)

이다음 백1로 가르면 흑 2, 4로 끊고 나서의 행마가 중요하다.

백5에 흑6으로 막는 것은 백7, 9로 죄며 흑 말이 깔끔하게 잡히는 만큼 백이 유리한 결과이다.

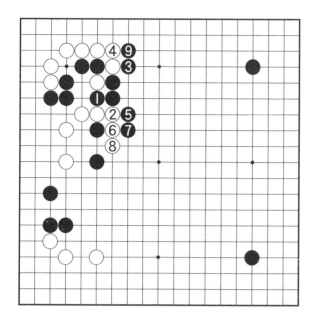

5도

5도(흑, 상변 개척)

앞 그림 백5 때 흑1로 돌아서는 것이 현명하다. 백2로 중앙이 돌파되지만 흑3 이하 9까지 상변을 개척하면 AI 시각에서 호각이다.

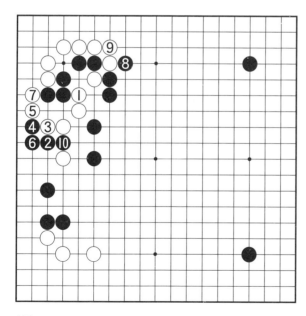

6도

6도(흑, 알찬 활용)

4도 흑4 때 백도 굳이 흑말을 잡겠다면 1로 두면 된다.

다만 흑2 이하 10까지 한점을 관통하며 주변을 알차게 활용하면 흑이 약간 편한 정도로 본다.

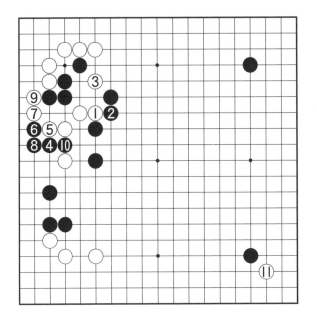

7도

7도(백, 효율적 차단!)

3도 다음 백이 왼쪽 흑 말을 잡는 것으로 방향을 정했다면 1, 3으로 차단하는 것이 효율적이다. 흑4 이하 10까지 활용할 때 백11의 침입으로 전환하면 AI 시각에서 거의 호각이다.

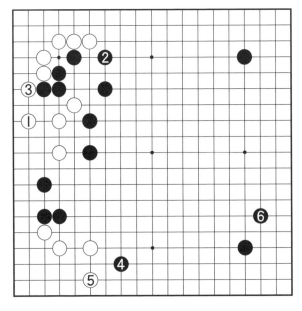

8도

8도(변을 살리는 전략)

3도 다음 백1의 한칸은 흑2로 보강할 때 백3으로 넘어 변을 살리면서 흑진의 엷음을 노리겠다는 전략이다.

　다음 흑4, 6은 AI가 추천하는 큰 자리이며 이 진행도 거의 호각으로 본다.

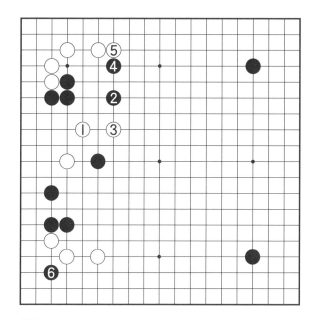

9도

9도(백, 날일자 행마)

처음으로 돌아가서, 백1의 날일자는 중앙을 중시하는 행마인데 이하 5까지면 서로 충돌 없는 무난한 변화이다.

흑6의 침입은 AI의 주도적 행마이며 다음이 어렵지만 거의 어울린 전투로 본다.

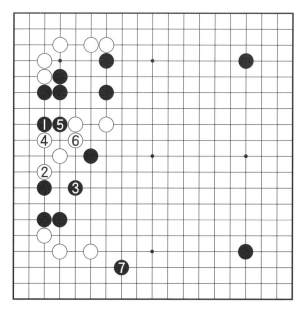

10도

10도(흑, 좌변부터 정리)

앞 그림 백5 때 흑1은 근거를 공격하며 좌변부터 정리하려는 생각이다. 백도 2 이하 6까지 변을 차단하며 연결해가는 것이 AI의 치열한 대응법이다.

다음 흑7의 큰 자리로 다가서면 거의 호각으로 본다.

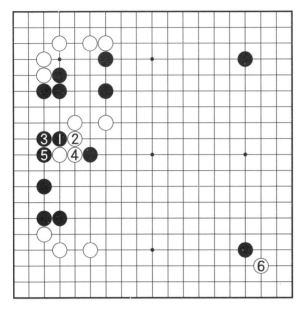
11도

11도(실전적 행마)

9도 백5 때 흑1의 건너 붙임도 일책이다. 백2에 흑은 끊지 않고 3에 뻗는 것이 실전적 행마이며 백4로 잇고 흑5로 연결하면 일단락된다.

흑은 좌변이 안정됐고 백은 중앙이 약간 두 텁게 선수로 정리된 만큼 타협인데 다음 백6의 침입으로 전환하면 형세는 거의 호각으로 본다.

12도

12도(양쪽 흑진 차단)

흑1에 백2로 젖힌 후 12 까지는 양쪽 흑진을 차단하기 위한 고심의 방안이다.

흑13에 끊을 때 백14로 지켜 싸우면 된다는 생각인데 흑도 15로 보강하면 AI 시각에서 형세는 거의 어울렸다.

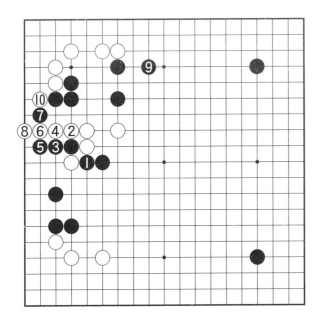

13도

13도(흑, 지나친 기세)

11도 백2 때 흑1로 끊는 것은 지나친 기세이다.

백2 이하 8까지 밀고 들어가면 흑9로 보강하는 정도인데 백10의 맥으로 연결해두면 백이 편한 형세로 본다.

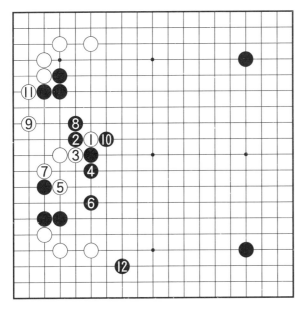

14도

14도(백이 붙이는 경우)

마지막으로 백1의 붙임이면 흑2, 4로 차단하는 것이 기세이다.

이하 11까지는 AI의 무난한 타협 수순인데 백이 귀로 넘으며 수습한 대신 한점을 잡은 중앙 흑이 두텁다.

다음 흑12의 큰 자리로 다가서면 약간 흑이 편한 정도로 본다.

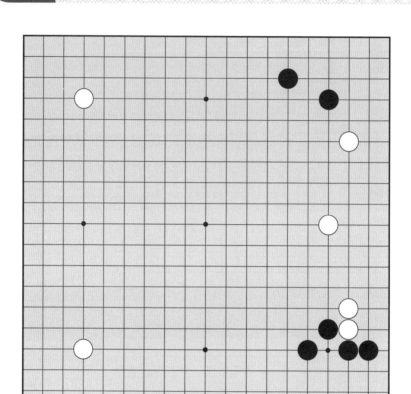

● 흑 차례

화점·소목 한칸굳힘 포석에서 백이 상대 굳힘을 활용하면서 우변에 폭넓은 진영을 구축한 장면이다.

흑도 완성된 모양을 허용하지 않으려면 우변 파괴가 우선인데 그런 경우 침입에 따라 공방은 어떻게 전개되는지 알아본다.

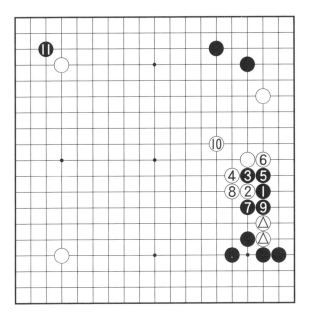

1도

1도(허약한 곳에 침입)

일단 백진의 가장 허약한 곳을 도모한다면 흑1의 침입을 생각할 수 있다. 백은 2로 막고 흑3에 끼우면 백4로 위에서 단수친 후 10까지 정돈하는 것이 무난하다. 백 △ 두점은 활용한 것만으로 족하다는 태도인데 다음 흑11의 침입으로 전환하면 AI 시각에서 형세는 거의 호각이다.

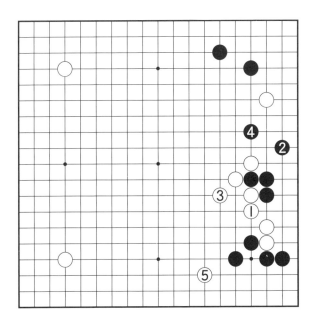

2도

2도(두점 살리는 방안)

앞 그림 흑5 때 백1로 아래 두점을 살리는 방안도 있다.

흑2에 백3의 지킴이 안전하며 흑4로 기분 좋게 진출하지만 백도 5로 다가서면 AI 시각에서 서로 어려운 싸움으로 본다.

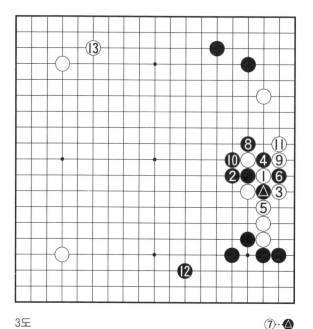

3도

⑦‥△

3도(백의 일책)

1도 흑3 때 백1, 3으로 한점을 잡는 것도 일책이다. 흑4, 6으로 단수치면 이 상황에서는 백7로 잇고 11까지 우변을 지켜도 알기 쉽다.

다음 흑12와 백13으로 큰 자리를 주고받으면 AI 시각에서 형세는 호각이다.

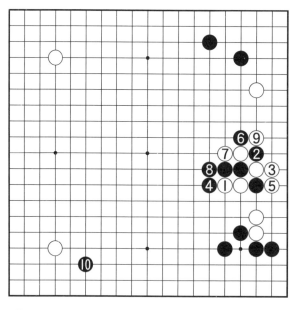

4도

4도(밀어올리는 변화)

앞 그림 흑2 때 백1로 밀어올리는 것도 상용수단인데 이하 9까지 AI의 유력한 변화이다.

흑이 우변 실리를 허용한 대신 얻은 것은 중앙 두터움인데 이를 배경으로 10으로 걸치면 형세는 호각으로 본다.

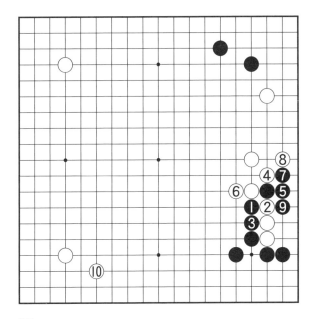

5도

5도(행마의 요점)

1도 백2 때 흑1로 젖히고 3으로 막으면 어떻게 될까. 백은 4로 단수치고 6에 뻗는 것이 행마의 요점이다. 흑7, 9로 석점을 잡아도 백10의 굳힘으로 전환하면 백이 약간 활발한 형세로 본다. 실은 흑도 백6 때 큰 자리로 전환하면 거의 대등한 국면으로 본다.

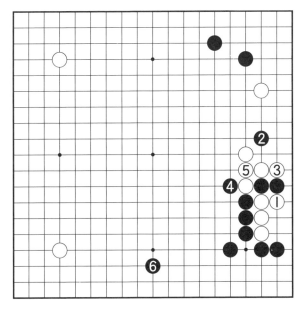

6도

6도(흑, 기분 좋은 활용)

앞 그림 흑5 때 백1로 두점을 잡는 것은 약간 성급하다.

흑2, 4가 기분 좋은 활용이며 AI 시각에서 다음 흑6으로 벌리면 중앙이 두터워진 흑이 약간 활발한 정도로 본다.

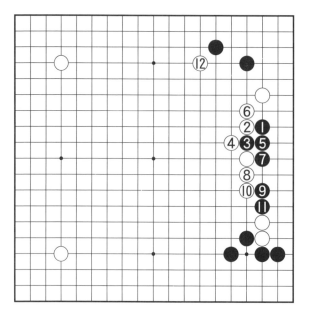

7도

7도(화점 쪽에 침입)

처음으로 돌아가서, 화점에 가까운 흑1로 침입하면 백2로 차단하고 나서 흑3, 5로 끼워 이을 때 이번에는 백6의 연결이 효과적이다.

흑7 이하 11까지 나가면 간명하지만 AI의 주특기인 백12의 어깨짚음으로 중앙 두터움을 살리면 백이 활발한 형세로 본다.

8도(흑, 가벼운 뜀)

앞 그림 백6 때 흑1의 뜀이 가벼운 행마이다.

백은 2 이하 6으로 끊는 것이 좋은 수순이며 흑7에 잇고 백8로 나가는 것도 필연이다.

8도

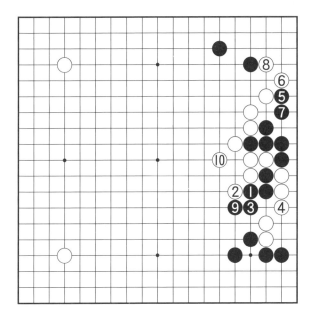

9도

9도(절대 지킴)

이다음 흑1, 3으로 살리고 백4에 우변 흑5, 7로 근거를 확보한 후 다시 9에 밀면 백10의 지킴은 절대이다.

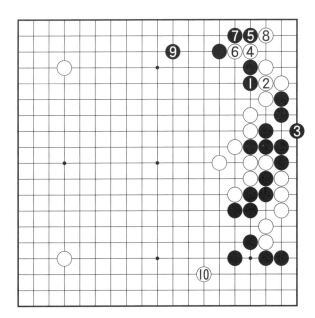

10도

10도(백, 충분한 대가)

계속해서 흑은 1을 선수한 후 3으로 살면서 자연스럽게 우변 다섯점을 잡았고 백도 4로 귀를 제압하면 대가로 충분하다. 흑5 이하 9까지는 귀를 활용하면서 변에 터를 잡는 고급 기술로 기억해둔다.

다음 백10으로 다가서면 AI 시각에서 백이 약간은 편한 형세이다.

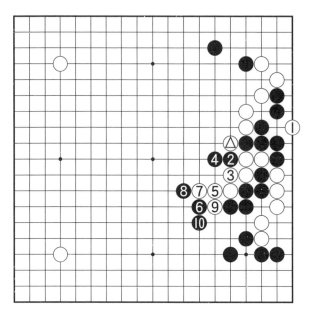

11도

11도(어느 한쪽은 잡힘)

9도 흑9 때 백1로 우변 흑말을 잡으러가는 것은 무모하다.

흑2, 4로 끊고나간 후 6의 씌움이 교묘하며 이하 10까지 백이 발버둥쳐봐도 △도 걸려있는 만큼 어느 한쪽은 잡힌 모습이다.

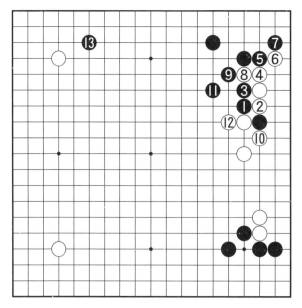

12도

12도(흑, 실전적 방안)

7도 백2 때 흑1로 젖히고 3으로 눌러가는 방안도 실전적이다. 이하 12까지 AI가 제시하는 부분적 결말인데 서로 귀와 변을 공고히 하는 모습이다.

다음 흑13으로 상변을 넓히면 흑이 약간 편한 정도 어울린 형세로 본다.

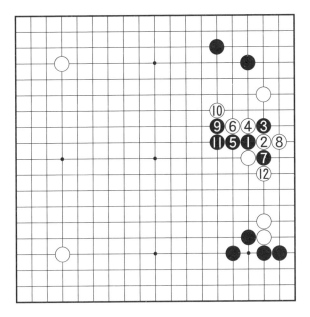

13도

13도(흑, 옆구리붙임)

흑1의 옆구리붙임도 상
용수단이다.

이 배석에서는 백2로
젖히고 4, 6으로 밀어올
리는 방법이 유력한데
이하 12까지 알려진 수
순이다.

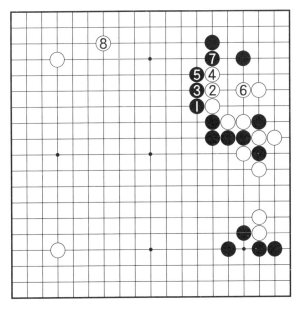

14도

14도(우선순위)

이다음 흑1 이하 5로 틀
어막는 것은 기세이며
백6으로 약점을 지키면
흑7의 수비도 우선순위
이다.

다음 백8로 상변 두
터움을 견제하면 AI 시
각에서 백이 약간 편한
정도이다.

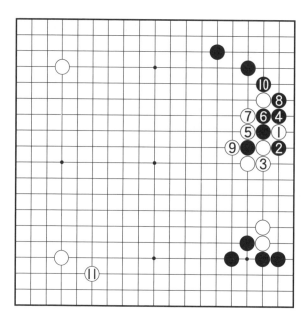

15도

15도(백의 별책)

13도 흑3 때 백1의 이단 젖힘은 별책으로 알아둔다. 흑은 2, 4로 잡은 후 10까지 중앙 두터움을 허용한 대신 견실한 실리를 얻었다.

다음 백11의 굳힘으로 전환하면 형세는 호각으로 본다.

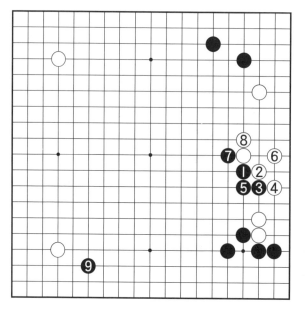

16도

16도(간명한 이단젖힘)

이번에는 흑1로 아래쪽을 붙이면 백2, 4의 이단젖힘이 간명한 대응이다. 흑5, 7로 두텁게 활용해놓고 9로 걸치며 하변 폭을 넓히면 AI 시각에서 백이 약간 편한 정도로 어울린 형세이다.

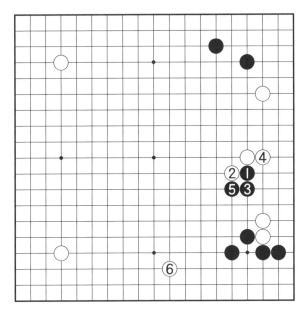

17도

17도(백, 위로 젖힘)

흑1에 백이 아래 두점을 가볍게 여기며 중앙 2로 젖히는 것도 일책이다.

　흑3, 5로 받는 것이 상식인데 다음 백6의 벌림은 AI가 추천하는 자리이며 형세는 거의 어울렸다.

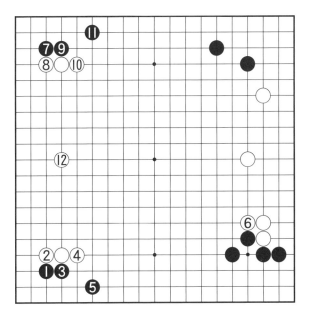

18도

18도(실리와 세력 대결)

참고로 흑이 처음부터 1로 3三침입하며 무난하게 두면 이하 12까지 진행을 상정할 수 있다. 백도 6으로 우변을 강화했고 좌변도 모양을 구축해서 흑 실리와 백 세력의 대결인데 AI 시각에서 형세는 호각이다.

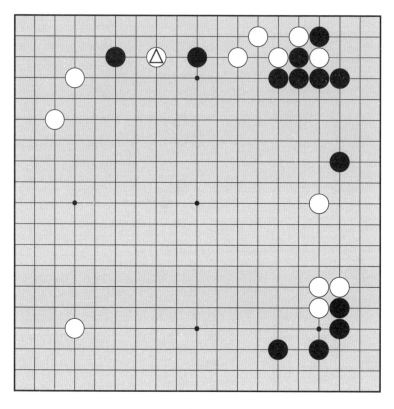

● 흑 차례

양소목 두칸굳힘 포석에서 파생된 모양인데 상변이 초점
이다.

백이 귀쪽 두칸굳힘의 약점을 틈타 교묘히 활용한 후 △
로 침입한 장면인데 이후 공방에 따른 국면의 요점에 대해
알아본다.

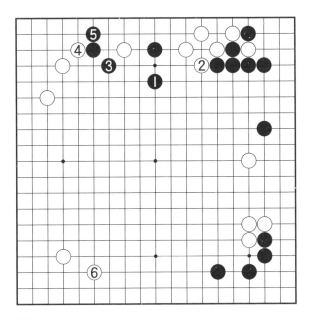

1도

1도(흑, 변에서 뜀)

흑1로 변에서 뛰면 백2
의 호구가 근거의 요소
이며 중앙으로 향하는
힘도 생긴다.

흑3으로 한점을 제압
하면 백4를 활용한 후 6
의 굳힘으로 전환하는
것이 무난하며 AI 시각
에서 형세는 호각이다.

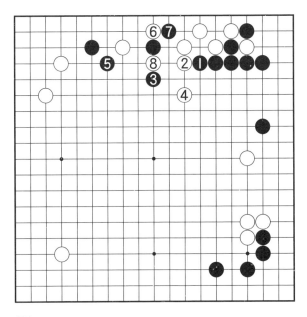

2도

2도(세련된 끼움)

흑1로 호구 모양의 급소
부터 가격하면 백은 2,
4로 일단 중앙으로 향하
는 것이 무난하다. 흑5
로 한점을 가두면 백6의
붙임으로 응수를 묻고
흑7에 젖힐 때 백8의 끼
움이 세련된 맥이다.

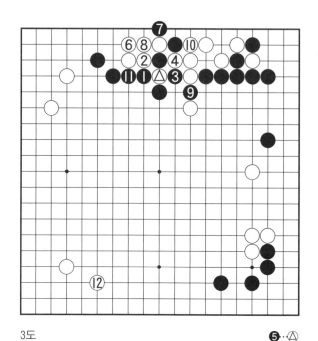

3도

⑤‥△

3도(흑, 두터운 선택)

이다음 흑은 1, 3으로 끼운 한점을 잡고 5로 이은 후 11까지 중앙을 틀어막는 것이 두터운 선택이다.

　그동안 백도 상변을 헤집으며 안정했고 12의 군힘으로 전환하면 AI 시각에서 형세는 거의 호각이다.

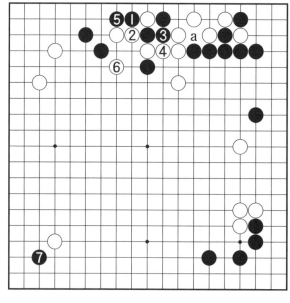

4도

4도(흑, 지충 모양)

2도 다음 흑1로 한점을 잡는 것은 실리를 중시한 선택이다.

　백2의 단수 때 흑3에 잇고 5로 건너는 것은 a쪽 활용을 상실해 자충 모양이다. 백이 6으로 지키면 중앙이 깔끔하게 두터운 만큼 활발한 형세로 본다.

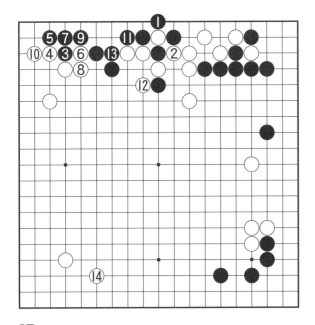

5도

5도(효과적인 정리법)

앞 그림 백2 때 흑1의 따냄이 정수이다. 백2로 압박하면 흑3 이하 10까지 정석 수순을 밟고 나서 흑11로 건너는 것이 AI가 바라보는 효과적인 정리법이다.

백12에 흑13의 보강도 절대이며 백14의 굳힘으로 전환하면 백이 약간 편한 정도로 본다.

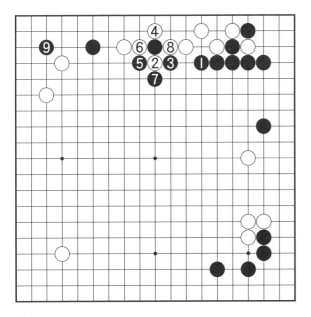

6도

6도(백, 불리)

되돌아가서 흑1에 위쪽 백2로 붙인 후 8까지 넘어가면 간명하지만 흑도 중앙이 두터워졌고 9로 실리도 관리하는 만큼 백이 불리한 흐름이다.

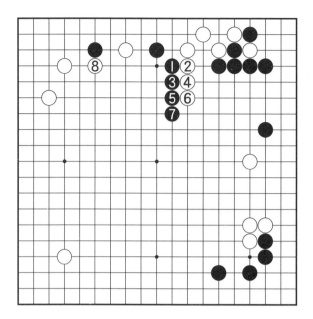

7도

7도(흑, 마늘모 행마)

처음으로 돌아가서 흑1
의 마늘모는 은근히 압
박하는 수단이다.

　백은 2 이하 6까지 밀
어나간 후 8로 차단하는
것이 유력한 대응이다.

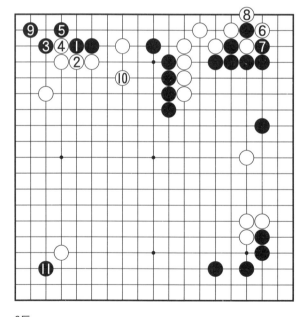

8도

8도(긴밀한 활용)

이다음 흑1, 3으로 귀에
진입하면 백은 4로 맛을
남긴 후 우상귀 6, 8로
활용해놓는 것이 긴밀하
며 백말의 안정에도 도
움이 된다.

　흑9에 백10의 지킴도
필연이며 흑11의 침입
으로 전환하면 AI 시각
에서 흑이 약간 편한 정
도이다.

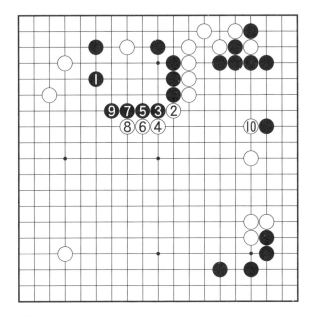

9도

9도(백, 중앙 주도)

7도 백6 때 좌상 흑1로 먼저 나가면 백은 2, 4로 이단 젖히며 8까지 눌러놓고 나서 우변 10의 붙임이 AI 추천하는 요소이다.

흑 실리에 맞서 중앙에서는 백이 주도하는 만큼 형세는 호각으로 본다.

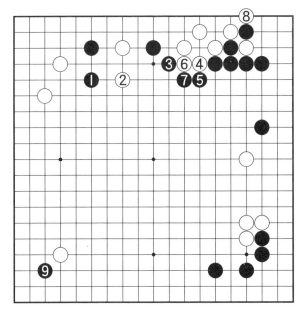

10도

10도(흑, 귀쪽부터 뜀)

애초 흑1로 귀쪽부터 뛰고 백2로 따라 나오면 흑3의 마늘모 압박도 일책이다.

백은 4 이하 8까지 안에서 살아두면 간명하다. 흑도 9의 침입으로 전환하면 충분하며 AI 시각에서 형세는 거의 어울렸다.

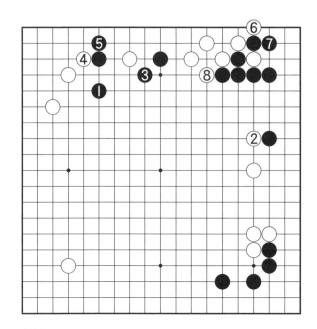

11도

11도(우변 요소)

흑1에 백2의 붙임도 우
변 백말의 틈새를 보강
하는 효과가 있는 만큼
요소이다.

　흑3으로 한점을 가두
면 백4를 활용한 후 6,
8로 상변 백말을 안정해
두는 것이 AI의 우선순
위이다.

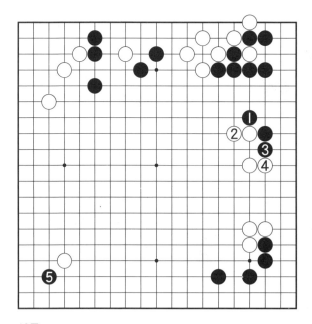

12도

12도(백, 소극적 대응)

이다음 흑1의 젖힘에 백
2, 4로 얌전히 받는 것
은 소극적 대응이며 흑5
의 침입으로 전환하면
AI 시각에서 흑이 약간
편한 형세이다.

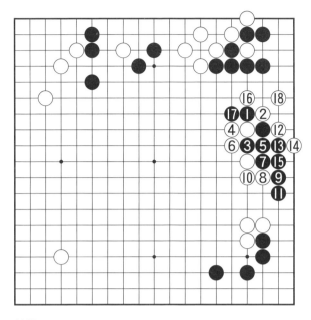

13도

13도(주도적 강수)

흑1에 백2의 끊음이 주
도적 강수이다.

　흑3으로 단수치며 이
하 11까지 우변 백진에
파고들면 백도 12, 14
로 활용하며 18까지 반
격이 준비되어있다.

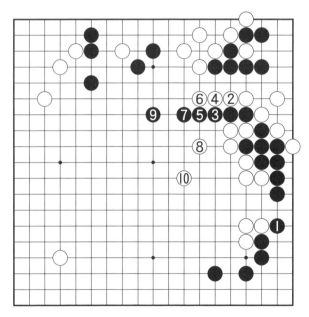

14도

14도(서로 연결하며 타협)

이다음 흑1의 연결이 급
선무이다.

　백도 2 이하 6까지 밀
어서 연결해놓고 8, 10
으로 중앙을 보기 좋게
정돈하면 충분하며 AI
시각에서 거의 어울린
형세이다.

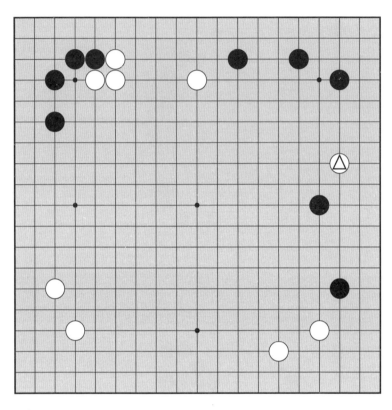

● 흑 차례

　향소목 포석에서 파생된 모양인데 우변이 초점이다. 흑이 우상귀 날일자굳힘을 배경으로 우변에 입체적 모양을 펼쳤고 상변 두칸벌림을 더하여 진영의 폭을 넓혔다.
　이에 백도 △로 침입해서 타개에 자신감을 보였는데, 이후 공방에 따른 국면의 요점에 대해 알아본다.

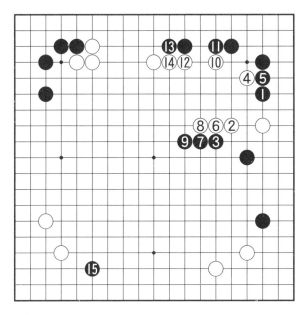

1도

1도(변에서 공격)

일단 변에서 흑1로 공격하는 것이 유력하다.

백2로 나가면 흑3으로 추격하는 것이 자연스럽고 백은 4로 활용하면서 14까지 AI의 무난한 정리법이다. 백이 상변에 보기 좋게 연결해서 안정한 대신 흑도 실리를 굳히면서 중앙에 세를 쌓은 만큼 15의 걸침으로 전환하면 형세는 호각으로 본다.

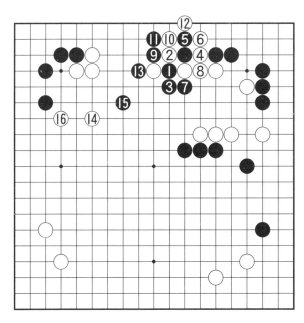

2도

2도(백의 반격)

앞 그림 백12 때 흑1의 끼움은 약점을 만들어놓겠다는 뜻이지만 백2, 4의 반격이 기다린다.

흑5로 키운 후 흑7 이하 11까지 활용하고 13으로 한점을 잡지만 백14, 16으로 정돈하면 AI 시각에서 백이 유리한 형세이다.

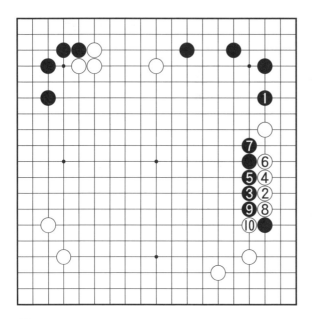

3도

3도(백, 재차 침입)

흑1에 백2의 재차 침입
도 국면을 넓게 보는 강
력한 반격이다.

흑3에 막으면 백4, 6
으로 연결한 후 8, 10으
로 끊는 것이 기세이다.

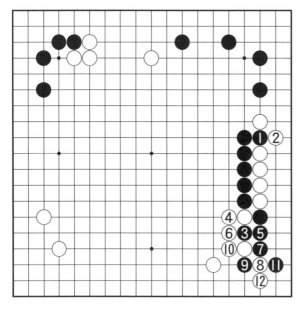

4도

4도(필연)

이다음 흑도 1을 하나
선수해서 변에 단점을
만들어놓고 귀를 정리하
는 것이 일책인데, 3 이
하 12까지 필연이다.

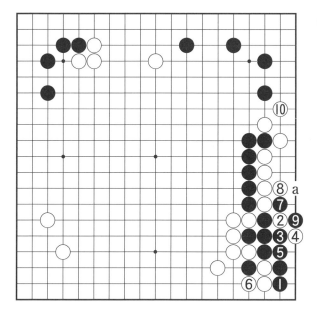

5도

5도(흑, 당함)

계속해서 흑1로 그냥 막
는 것은 백2, 4가 선수
가 되어 흑이 당했다.

　백6으로 잡고 흑7에
백8, 10으로 정리하면 a
가 거의 선수인 만큼 우
변 백은 넉넉히 살아있
어 백 우세의 흐름이다.

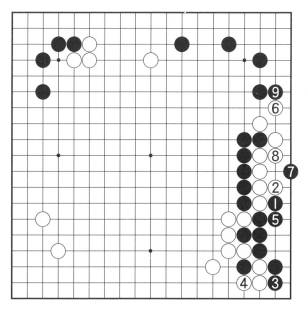

6도

6도(효과적 수순)

4도 다음 흑1로 먼저 젖
히고 백2로 받으면 흑3,
5로 사는 것이 효과적
수순이다.

　그래야 백6에 흑7을
활용한 후 9로 막아 삶
을 위협할 수 있다.

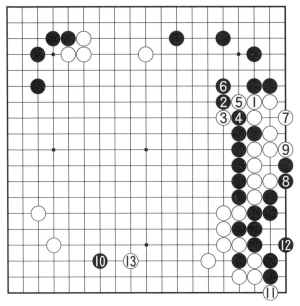

7도

7도(실전적 수습책)

이다음 백1의 빈삼각은 중앙 진출과 자체 삶을 맞보는 실전적 수습책이다. 흑2로 포위하면 백 3, 5로 중앙에 맛을 남겨놓고 7, 9로 사는 것이 효과적이다.

흑10은 하변 모양을 삭감하는 AI의 추천 자리인데 형세는 백11 다음 13으로 국면을 주도하는 백이 활발하다.

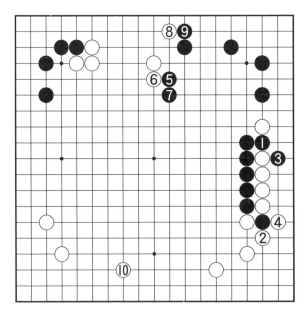

8도

8도(백, 집모양 중시)

거슬러 올라가 흑1에 백 2의 단수는 집모양을 중시하는 간명책이며 흑3에 백4로 한점을 따내는 것이 후수지만 두텁다.

이하 10까지 AI의 유력한 변화인데 서로 모양을 키우며 거의 어울린 형세로 본다.

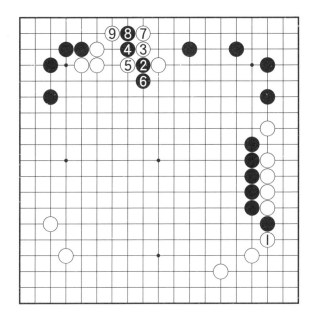

9도

9도(상변 백진의 급소)

3도 흑9 때 백1의 붙임
은 귀를 중시하는 온건
한 수단이다. 흑은 당장
대응이 급하지 않으므로
큰 자리를 모색하는데 2
의 붙임이 상변 백진을
공략하는 급소이다.

이때 백이 3에 젖힌
후 9까지 안에서 수습하
려 하면 어떻게 될까.

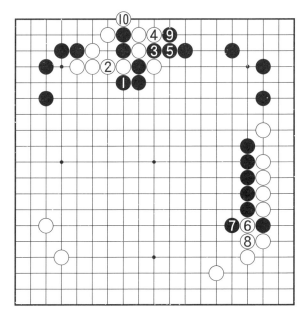

10도

10도(흑, 알기 쉬운 선택)

흑은 1로 단수치고 3에
끊는 것이 알기 쉬운 선
택이다. 이때 백은 4로
수를 늘린 후 6으로 우
변 뒷맛을 확실하게 없
애는 것이 속편하다.

상변 흑9에 백10으로
잡고 나서~

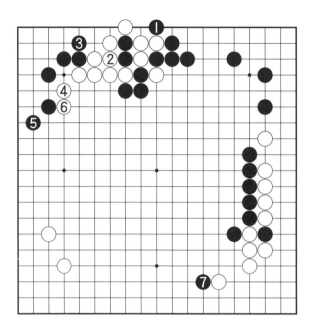

11도

11도(고급 전투 기술)

흑은 1, 3으로 근거를 공격하는 것이 실속도 겸해 효율적이다.

백4, 6으로 수습해갈 때 하변 흑7의 붙임은 AI의 고급 전투 기술이며 형세는 흑이 약간 활발하다.

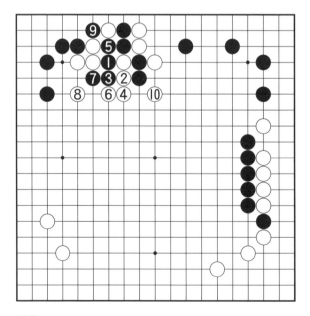

12도

12도(백, 바꿔치기로 맞섬)

9도 다음 흑1 이하로 두 점을 살려나가면 백도 10까지 활용하며 중앙 두점을 잡고 바꿔치기로 맞서는 것이 AI의 대응법이다.

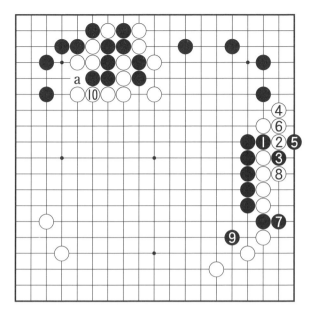

13도

13도(우변 공략하는 수순)

이다음 흑1, 3으로 활용하며 9까지 우변 흑진을 공략하는 수순이다.

백은 상중앙 10의 막음이 a의 선수활용도 보장되는 만큼 두터운 자리이며 형세는 거의 호각으로 본다.

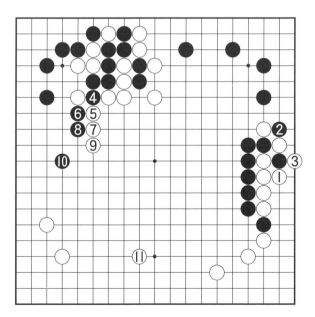

14도

14도(백, 소극적 태도)

앞 그림 흑3 때 백1, 3으로 한점을 잡는 것은 소극적 태도이다.

흑4, 6으로 끊어 백말을 포획하면서 10까지 좌변을 다스리면 백11의 하변 모양으로 맞서도 AI 시각에서 흑이 편한 형세이다.

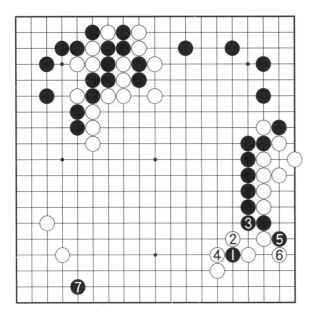

15도

15도(귀의 활용법)

앞 그림 백9 때 우하귀 흑1로 붙인 후 6까지도 AI의 활용법이다.

그래놓고 흑7로 하변을 삭감하면 흑이 약간 유리한 형세로 본다.

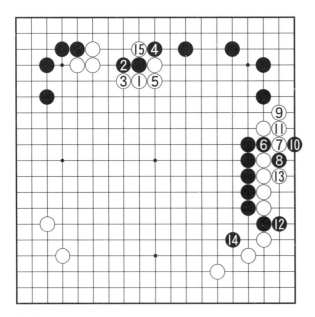

16도

16도(백, 유력한 방안)

거슬러 올라가 9도 흑2 때 백은 위쪽 1로 젖힌 후 5까지 정리하는 것이 유력한 방안이다.

흑도 6, 8로 활용하며 14까지 우변 백진을 공략하는 것이 우선인데 상변 백15로 끊으면 어떻게 될까.

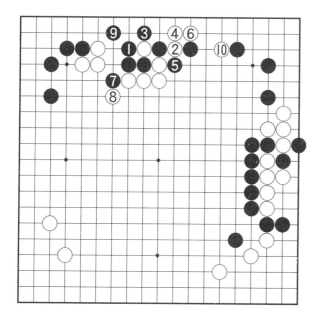

17도

17도(정밀한 수순)

이다음 흑1에 백2, 4로 뚫고 이하 10까지 서로 정밀한 수순으로 수습해 가는 과정이다.

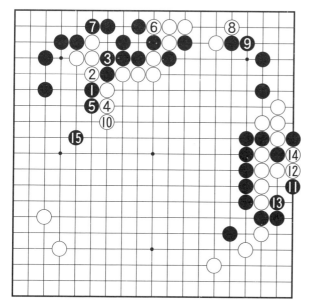

18도

18도(실리와 두터움 공존)

계속해서 흑1로 젖힌 후 15까지 AI의 유력한 변화인데 서로 실리와 두터움이 공존하는 타협 구도이다. AI 시각에서는 백이 약간 편한 정도로 본다.

　수순 중 백6은 기분 좋은 선수이며 우변 흑 11, 13도 기민한 활용으로 기억해둔다.

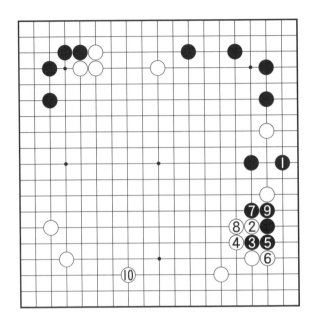

19도

19도(흑, 공격적 대응)

거슬러 올라가 3도 백2 때 흑1의 차단은 공격적 대응이다.

백2에 막고 흑3에 끼우면 이하 9까지 무난한 변화인데 다음 백10으로 하변을 키우면 서로 진영을 나눠 갖는 모양 대결이며, AI 시각에서 백이 약간 편한 정도로 어울린 형세이다.

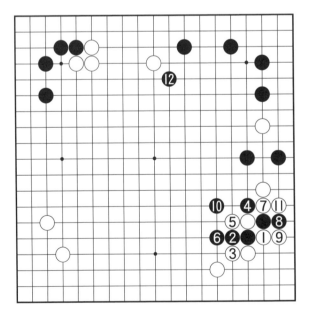

20도

20도(효과적 대응수순)

앞 그림 흑3 때 백1, 3으로 끊어서 몰면 흑4, 6이 효과적 대응수순이며 이하 11까지 일단락된다.

백이 우변 실리까지 지키겠다는 뜻인데 흑도 중앙이 두터워졌고 12로 모양을 확장하면 이 진행도 백이 약간 편한 정도로 어울렸다.

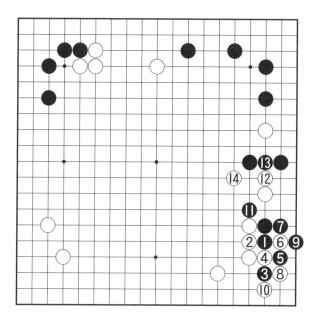

21도

21도(흑, 귀에 진입)

19도 백2 때 흑1, 3으로 귀에 진입하는 것도 간명하다. 백은 4 이하 10까지 귀를 지켜놓고 흑 11에 백12, 14로 나가면 변에서도 충분히 싸울 수 있다.

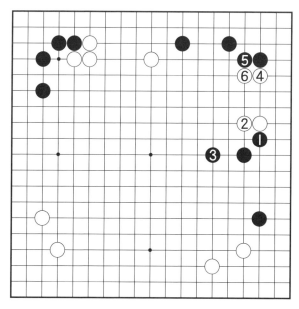

22도

22도(백, 기대기로 수습)

처음으로 돌아가서 흑1, 3으로 공격하면 백4, 6으로 기대기만 해도 알기 쉽게 수습되며 AI 시각도 백이 약간 편한 형세로 본다.

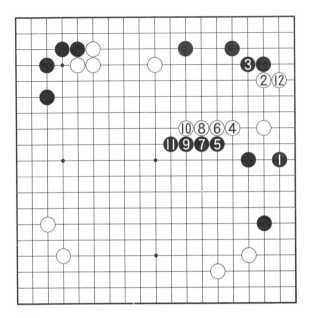

23도

23도(백, 활용하며 나감)

흑1로 차분히 공격해도 백2, 4로 활용하며 나가면 간명하다.

흑5의 공격에는 백6 이하 12까지 두텁게 밀어놓고 정리해도 충분하며 이 진행도 백이 약간은 편하다.

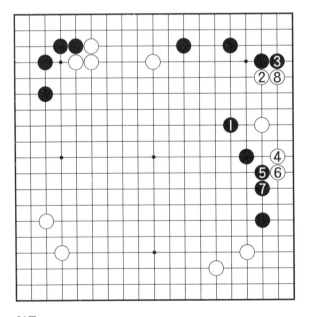

24도

24도(흑, 지나친 공격)

처음부터 흑1로 씌우는 것은 지나친 공격이다. 백2 이하 8까지 보기 좋게 안정하면 AI 시각에서 백이 편한 형세이다.

23형 배후에서 침입하는 경우

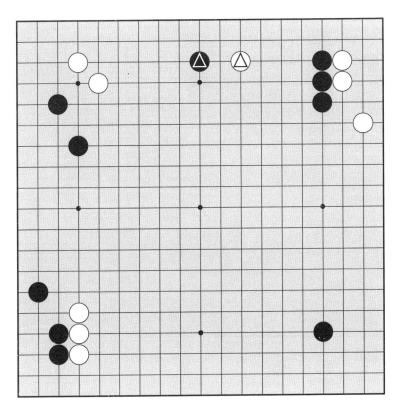

○ 백 차례

화점 3三침입을 주축으로 소목에서 견실한 마늘모 수비 등은 AI시대 유행하는 포석 흐름인데 상변에서 전투가 벌어질 조짐이다.

백△에 다가섰을 때 배후에서 흑▲로 침입한 장면인데 이후 공방에 따른 국면의 요점에 대해 알아본다.

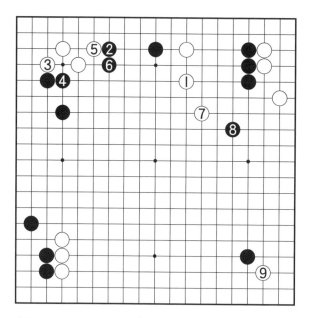

1도

1도(백, 중앙 중시)

백이 중앙을 중시하면 1
로 뛰는 것이 보통이다.

흑도 2의 벌림이 좋
은 자리이며 백3, 5로
지킨 후 9까지 AI의 무
난한 변화인데 형세는
호각으로 본다.

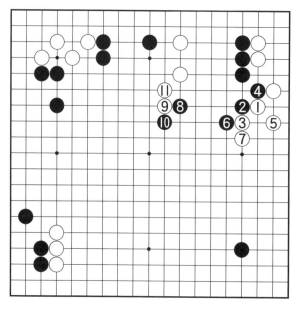

2도

2도(공수 겸하는 마늘모)

앞 그림 흑8 때 백1의
마늘모 행마도 공수를
겸하는 견실한 자리인데
흑은 2 이하 6으로 보강
해놓고 8의 모자로 대항
하며 중앙을 주도한다.

백9, 11로 타개하는
흐름이며 어려운 싸움이
지만 AI 시각에서 형세
는 호각이다.

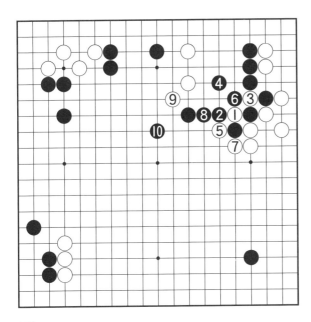

3도

3도(백, 위험한 도발)

앞 그림 흑8 때 백1로 끊는 것은 위험한 도발이다. 흑은 2, 4로 정돈한 후 백5로 끊으면 흑 6, 8로 단단하게 이어놓고 상변 백말을 노린다.

백9에 흑10으로 추격하면 흑이 활발한 흐름으로 본다.

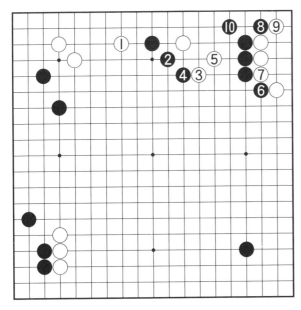

4도

4도(백, 공격적인 대응)

처음으로 돌아가서 백1의 벌림은 공격적인 대응이다. 흑은 2, 4로 변을 압박한 후 6 이하 10까지 귀쪽을 호구로 보강해놓는 것이 안정적 대항이다.

수순 중 흑4에 백5의 마늘모는 봉쇄를 피하는 탄력적인 방어이다.

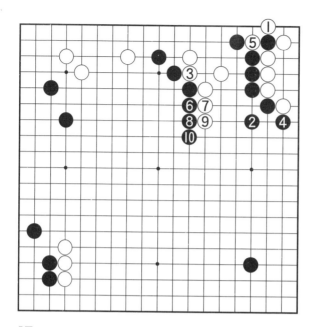

5도

5도(필연의 공방)

이다음 백1로 단수치면 흑도 2로 지키는 것이 우선이며 이하 10까지도 AI가 제시하는 필연의 공방이다.

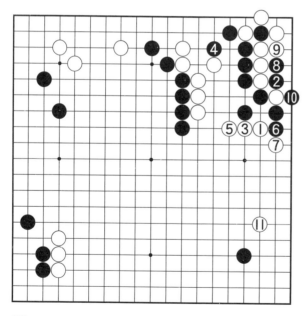

6도

6도(활용과 안정적 대응)

계속해서 우변 백1은 기민한 활용인데 흑은 2로 잡고 4로 지키면서 10까지 대마를 살아두는 것이 안정적 대응이다.

다음 백도 11로 걸쳐 우변을 다스리면 충분하며 AI 시각에서 거의 어울린 형세이다.

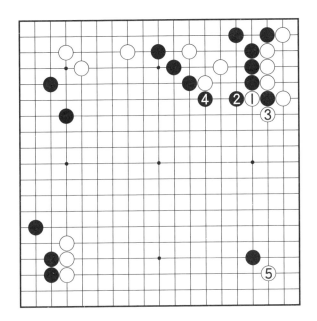

7도

7도(백, 변쪽 끊음)

4도 다음 백1로 변쪽을 끊으면 흑은 2, 4로 상변을 제압하는 것이 간명하다.

백도 한점을 두텁게 잡았고 다음 5의 침입으로 전환하면 AI 시각에서 형세는 호각이다.

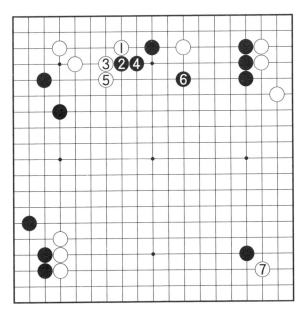

8도

8도(흑의 일책)

되돌아가서 백1에 흑2의 붙임도 일책인데 백3, 5로 받으면 흑6의 모자가 제격이다.

이러면 상변 백이 직접 나가기는 거북한 만큼 좌상변이 강화된 것으로 위안을 삼고 7의 침입으로 전환한다. 이 진행도 호각으로 본다.

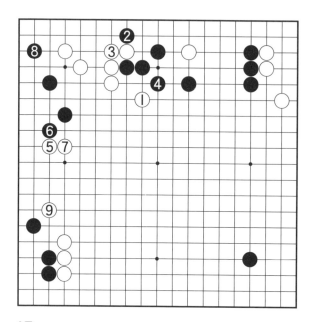

9도

9도(백, 주도적 전략)

앞 그림 흑6 때 백이 중앙에서 1로 활용해놓고 좌변 5로 다가서는 것도 주도적 전략이다. 흑6, 8로 보강할 때 백9로 두텁게 모양을 갖추면 이 진행도 AI 시각에서 호각이다.

수순 중 흑2의 붙임은 4로 지키기 전의 기민한 활용이다.

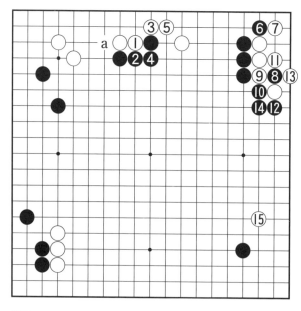

10도

10도(백, 실전적 연결)

8도 흑2 때 백1 이하 5로 넘어가는 것도 자세는 낮지만 실전적인데 흑도 중앙 벽을 토대로 a의 활용이 남아 불만 없다.

흑6 이하 14까지는 정석 수순인데 다음 백15로 걸치며 우변 두터움을 견제하면 형세는 호각으로 본다.

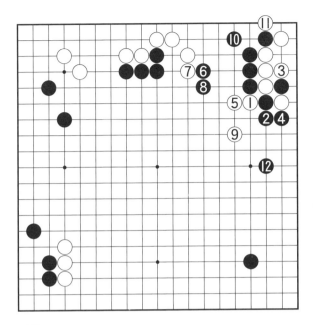

11도

11도(백, 능동적 싸움)

앞 그림 흑10 때 백1로
끊고 싸우는 것도 능동
적 방안이다.

　이하 12까지 AI의 유
력한 변화인데 다음은
서로 어렵지만 형세는
호각으로 본다.

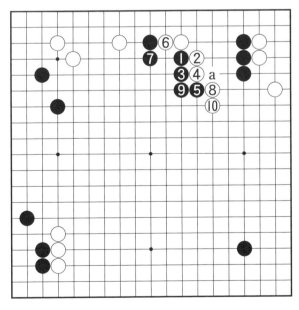

12도

12도(흑, 행마법에 역행)

되돌아가서 흑1로 공격
대상에 직접 붙이는 것
은 보통 행마법에 어긋
난다.

　백2 이하 10까지 힘
차게 나가고 나면 a쪽
약점이 있지만 양쪽으로
분리된 흑도 강하지 않
은 만큼 백이 불리할 일
은 없다.

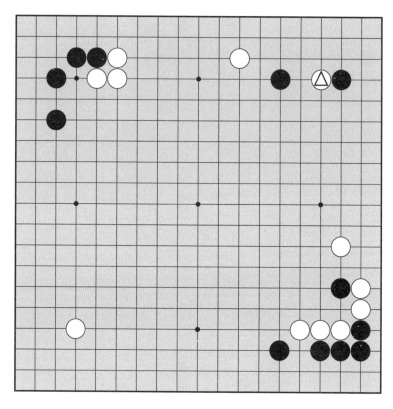

● 흑 차례

  향소목 두칸굳힘 포석에서 파생된 모양인데 AI 기준으로 백이 약간 편한 형세에서 상변이 초점이다.

  좌상귀 정석에서 변이 강한 백이 넓게 벌리며 두칸굳힘에 다가섰고 우하귀 정석을 거친 후 △로 붙여 귀의 엷음을 공략한 장면이다. 실전에 빈번히 쓰이는 수법인데 이후 공방에 따른 국면의 요점에 대해 알아본다.

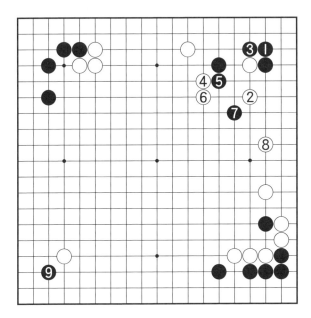

1도

1도(흑, 소극적 태도)

우선 흑1은 분란을 피하는 간명한 대응이지만 약간 소극적 태도이다. 백은 2로 가볍게 활용하며 이하 8까지 양쪽 변을 처리하면 충분하다.

다음 흑9의 큰 자리로 전환하지만 AI 시각에서 백이 약간 편한 형세는 계속 이어지는 중이다.

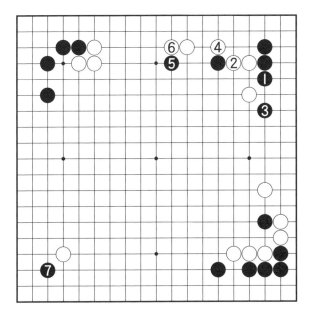

2도

2도(흑, 우변 진출)

앞 그림 백2 때 흑1, 3으로 우변에 진출하면 백4로 상변 한점을 제압한다. 흑5로 하나 활용한 후 7의 전환은 AI의 발빠른 임기응변인데 이 진행도 백이 약간 편한 형세로 본다.

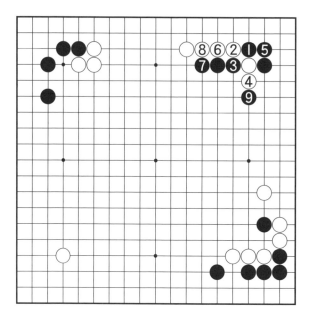

3도

3도(흑, 귀에서 젖힘)

흑이 적극적으로 대응하려면 위든 아래든 젖히는 것이 보통이다.

흑1로 귀에서 젖히면 백2의 되젖힘이 기세이며 흑3, 5로 끊고 잇는 것도 필연이다.

다음 백6, 8로 밀어서 단단하게 이으면 흑9의 붙임이 모양의 급소로 기억해둔다.

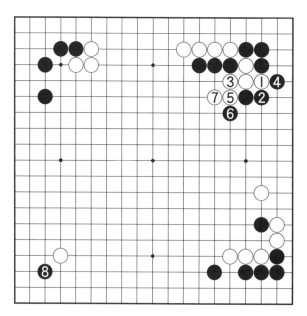

4도

4도(타협 흐름)

이다음 백1, 3의 수순으로 나가는 것이 효율적이며 흑4로 넘어 타협 흐름이다.

다음 백5에 흑이 중앙 석점을 가볍게 본다면 6을 하나 선수한 후 8의 침입으로 전환한다.

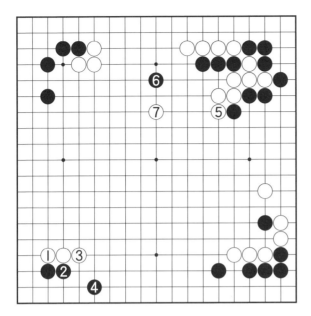

5도

5도(대표적 변화)

계속해서 AI의 대표적 변화를 이어가보면 백1, 3으로 간결하게 귀를 정리한 후 5의 꼬부림이 중앙 대세점이다.

흑도 중앙 모양이 커지기 전에 6의 삭감이 적절하며 백7로 공격하면 AI 시각에서 형세는 백이 약간 편한 정도로 어울린 싸움이다.

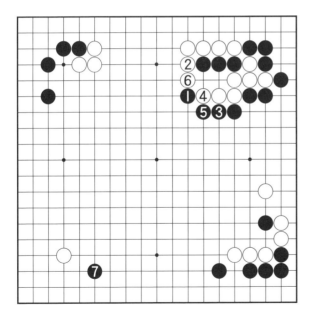

6도

6도(대국적 사고)

4도 백7 때 흑이 중앙을 직접 움직인다면 1의 자리가 효과적이다.

이때 백2로 급소를 조이면 흑3, 5로 석점을 버리고 7의 큰 자리로 전환하는 것이 대국적 사고이며 형세는 호각으로 본다.

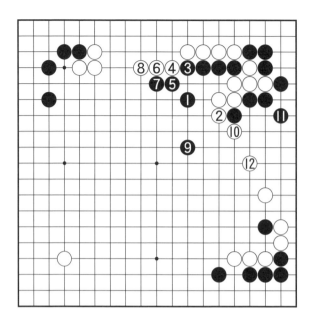

7도

7도(백, 꼬부려 나감)

흑1에 백2로 꼬부려 나
가면 흑3 이하 7까지 선
수해놓고 9로 진출해서
모양을 갖춘다.

　백도 10, 12로 정리
하면 충분하며 AI 시각
에서 서로 균형이 잡힌
형세이다.

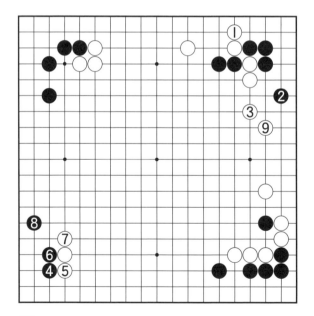

8도

8도(백, 변에서 활약)

거슬러 올라가 3도 흑5
때 백1로 내려서면 흑2
로 달려 귀를 지켜놓는
것이 우선이다.

　백3에 흑4의 침입으
로 전환하고 이하 9까지
AI의 무난한 변화인데
네 귀에 실리는 허용했
지만 변에서 활약 중인
백이 약간 활발한 형세
로 본다.

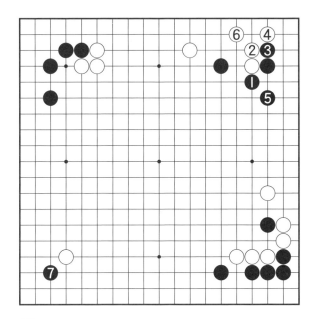

9도

9도(흑, 변에서 젖힘)

처음으로 돌아가서 흑1
로 변에서 젖히는 경우
에 대해 알아보자.

　백2 이하 6까지 서로
귀와 변에서 호구로 모
양을 갖추면 일단 간명
한 타협이다. 다음 흑7
의 침입으로 전환하는
것이 AI 행마법이다.

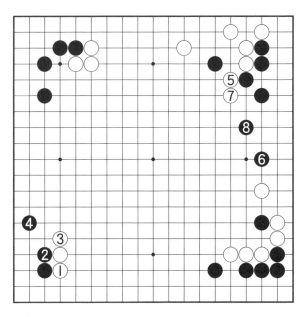

10도

10도(백, 상변 차단)

이다음 4까지 되고나서
상변 백5로 차단하면 흑
은 6, 8로 우변을 다스
리는 것이 무난한 대응
이다. 대신 백도 상변이
강해져서 충분하며 형세
는 백이 약간 편한 정도
로 본다.

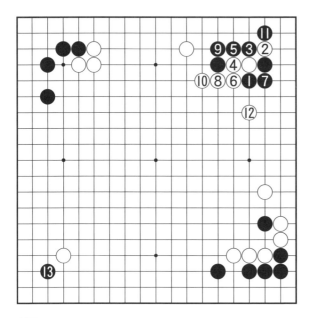

11도

11도(백, 맞젖힘)

되돌아가서 흑1에 백2의 맞젖힘도 일책이다. 흑3에 끊으면 백4로 나간 후 12까지 AI가 제시하는 무난한 타협으로 백이 실리를 허용한 대신 중앙을 다스리는 흐름이다. 다음 흑13의 침입으로 전환하면 백이 약간 편한 정도 어울린 형세로 본다.

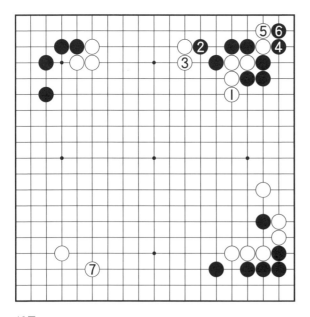

12도

12도(백, 힘찬 뻗음)

앞 그림 흑7 때 백1의 뻗음도 힘찬 행마이며 흑은 2로 지킨 후 4, 6으로 잡는 것이 무난한 대응이다. 다음 백7의 굳힘으로 전환하면 AI 시각에서 백이 약간은 편한 형세이다.

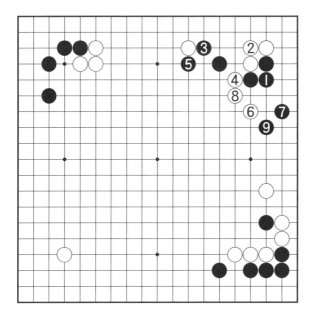

13도

13도(흑, 간명한 이음)

11도 백2 때 흑1의 이음
도 간명한 선택이며 귀
를 내주고 변을 다스리
려는 뜻도 숨어있다.

백2로 이으면 흑3의
차단이 강수이며 이하 9
까지 AI가 제시하는 기
세의 흐름인데 백이 약
간 편한 정도 어울린 형
세로 본다.

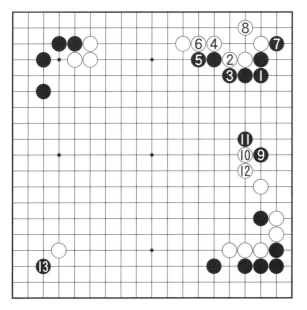

14도

14도(백, 간결한 대응)

흑1에 백2 이하 8까지
연결하는 것도 간결한
대응이다.

흑9로 벌리고 백10,
12로 보강할 때 흑13의
침입으로 전환하면 형세
는 백이 약간 편한 정도
로 본다.

PART 4

능률 행마법

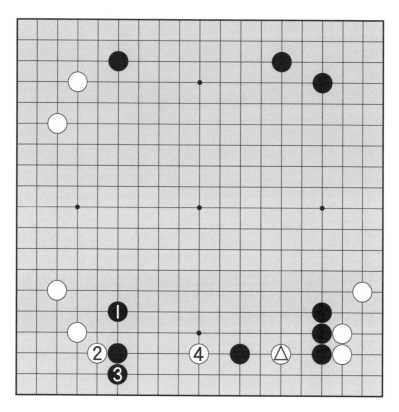

● 흑 차례

서로 양화점 포석에서 흑이 양쪽을 걸치며 국면을 넓게 사용하면서 파생된 모양인데 하변이 초점이다. 흑이 귀의 실리를 허용한 대신 1로 뛰며 변을 적극적으로 키우자 백이 2로 활용한 후 당장 4로 침입한 장면이다.

백은 △의 우군과 연계해서 타개하려는 심산인데, 이후 어떻게 싸우며 국면을 정리해야 능률적인지 알아본다.

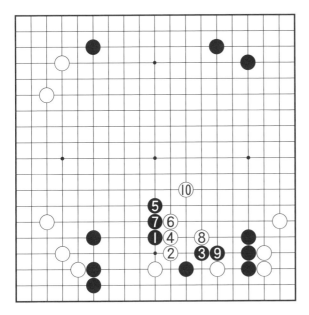

1도

1도(흑, 모자 공격)

우선 흑1의 모자 공격부터 생각해보자.

백2로 나간 후 흑3에 백4 이하 10까지 서로 약속한 듯이 두지만 다른 변화라도 백이 중앙에 진출하는 것은 어렵지 않다. 다만 이 진행은 백이 상대 모양을 굳혀 주며 타개하는 만큼 약간 아쉽다.

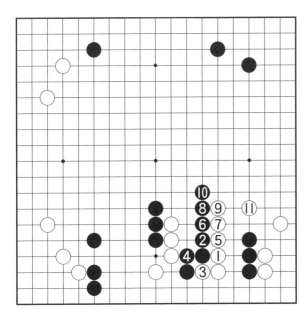

2도

2도(바꿔치기로 타협)

앞 그림 흑7 때 백1로 한점을 끌고나와 9까지 밀어놓고 11로 석점을 잡으면 바꿔치기로 타협된다.

흑도 자연스럽게 하변 넉점을 제압한 만큼 AI 시각에서 거의 어울린 형세로 본다.

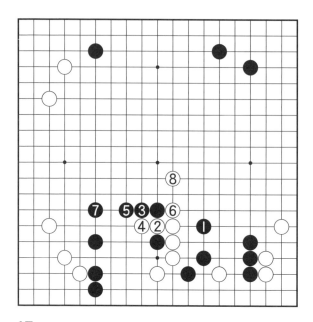

3도

3도(흑, 먼저 보강)

1도 백6 때 흑1로 먼저 보강하면 백도 2, 4로 뚫고 나서 6, 8로 두텁게 진출할 수 있다. 이 진행도 거의 어울린 형세로 본다.

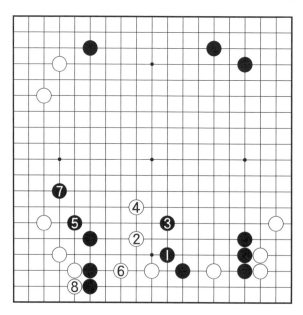

4도

4도(흑, 마늘모 공격)

처음으로 돌아가서 흑1의 마늘모도 많이 사용하는 공격 수단이다.

이때는 백2의 날일자 진출이 보통이며 이하 8까지 AI의 무난한 변화인데 역시 거의 어울린 형세로 본다.

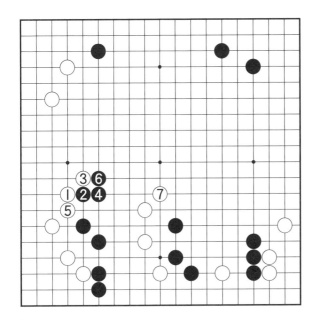

5도

5도(백, 좌변 중시)

앞 그림 흑5 때 백1로 좌변부터 다스리며 이하 7까지 변화도 AI가 알려주는 모범 행마법인데 형세는 역시 비슷하다고 본다.

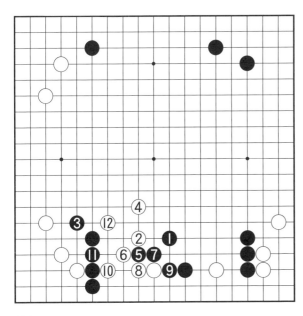

6도

6도(흑, 날일자 공격)

되돌아가서 흑1의 날일자 공격이면 어떨까.

우선 백2, 4로 진출할 때는 흑5로 건너붙이는 반격에 대비해야 하는데 일단 백6으로 뒤에서 젖히는 것이 정수이다.

흑7, 9로 막으면 백10, 12로 연결하며 귀쪽 흑말이 약해진 만큼 AI 시각에서 백이 약간 편한 흐름이다.

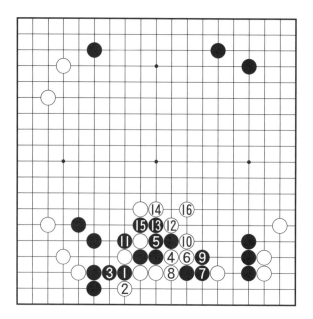

7도

7도(백, 중앙 두터움)

앞 그림 백8 때 흑1의 끊음이 강수이다. 백2로 단수칠 때 흑3에 이으면 백4, 6으로 나가는 것은 당연하다.

이때 흑7로 비켜 가면 백8로 이은 후 16까지 AI의 유력한 변화인데 중앙을 조이며 두터워진 백이 약간 유리한 형세로 본다.

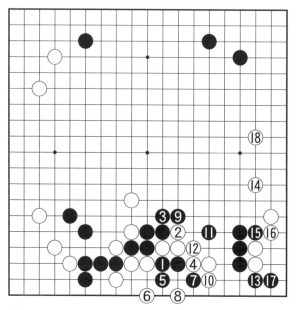

8도

8도(끊고 안에서 활용)

앞 그림 백6 때 흑도 1로 끊고 안에서 활용하며 이하 11까지 바깥을 두텁게 선수해놓는 것이 AI의 유력한 대안이다.

다음 흑13에 백도 14 이하 18까지 변쪽 봉쇄를 피하는 것이 유연한 대처이며 형세는 백이 약간 편한 정도로 본다.

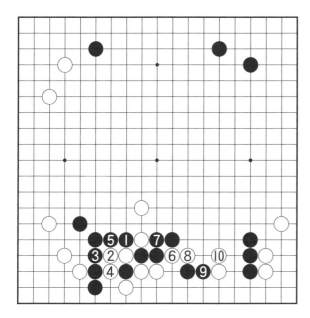

9도

9도(흑, 끊으며 단수)

7도 백2 때 흑1로 끊으며 단수치면 백2, 4로 한점을 잡는 것이 무난하며 6, 8로 나가는 흐름이 된다.

다음 흑9에 백10으로 올라서면 흑은 어떻게 대처할까.

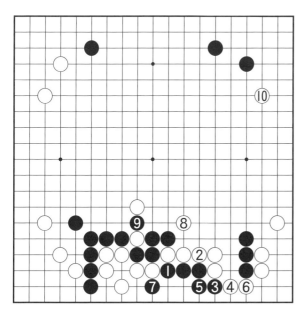

10도

10도(흑이 끊는 경우)

흑1로 끊으면 이하 7까지 하변 백말을 잡을 수 있지만 대신 귀쪽 흑 석점이 차단된다. 다음 백이 8, 10으로 폭을 넓혀 우변을 다스려 가면 AI 시각에서 백이 약간은 편한 형세이다.

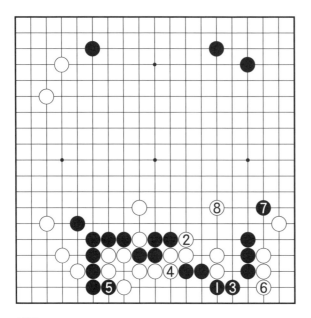

11도

11도(흑, 젖히고 넘음)

9도 다음 흑1로 먼저 젖히면 3으로 넘을 수 있다. 백4로 잇고 이하 8까지 AI의 유력한 변화인데, 서로 모양을 정돈하면서 거의 균형이 잡힌 형세로 본다.

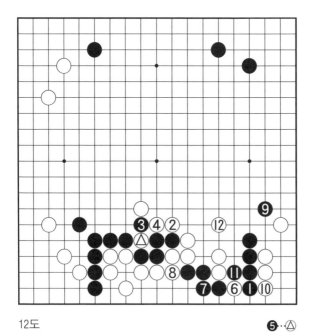

12도

⑤‥△

12도(흑, 내려서며 연결)

앞 그림 백2 때 흑1로 내려서며 연결하는 것은 귀에 영향을 주려는 뜻이지만 대신 단점도 남는다. 백도 2, 4로 중앙을 결정해놓고 6을 활용한 후 8로 잇는 것이 효과적 수순이며 이하 12까지 서로 정리하면 AI 시각에서 백이 약간 편한 정도로 어울린 형세이다.

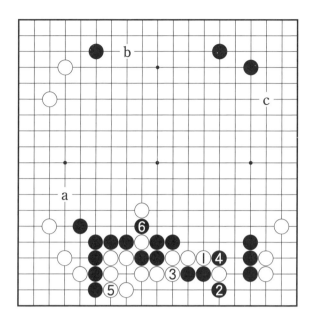

13도

13도(백, 간명)

거슬러 올라가 9도 흑9 때 백1로 막고 3으로 잇는 것도 간명하다.

흑4로 잡으면 백5로 살고 나서 흑6에 보강할 때 백이 a, b, c의 큰 자리 어디를 두든 약간 편한 정도 어울린 형세로 본다.

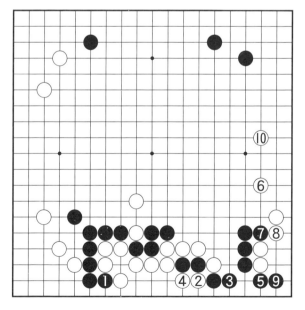

14도

14도(흑, 먼저 근거 공격)

앞 그림 백3 때 흑1로 먼저 근거를 공격하면 백2, 4로 두점을 잡을 수 있다.

귀쪽 흑5의 젖힘에 백6 이하 10까지 유연하게 대처하면 AI 시각에서 역시 백이 약간 편한 정도로 어울렸다.

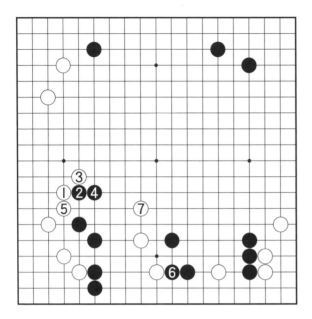

15도

15도(공수 겸하는 요처)

거슬러 올라가 6도 흑3
때 백1로 좌변부터 다스
리면 흑2, 4로 보강한
후 6의 치받음이 공수를
겸하는 요처이다.

다음 백7로 진출하면
AI 시각에서 거의 어울
린 형세이다.

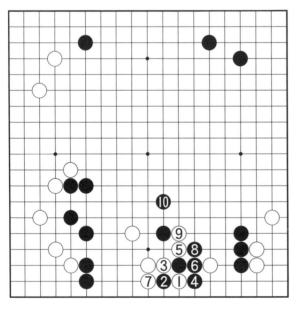

16도

16도(백, 하변부터 교란)

앞 그림 흑4 때 먼저 백
1로 붙이며 하변부터 교
란할 수 있다.

흑2에 백3으로 끊는
것은 약간 단순한 행마
인데 흑4 이하 10까지
AI가 보여주는 무난한
변화이다.

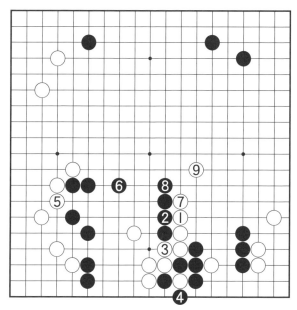

17도

17도(근거와 공격의 요점)

이다음 백1, 3으로 이으면 흑4로 한점을 잡는 것이 근거와 공격을 겸하는 요점이다.

백도 5 이하 9까지 흑 말을 위협하면서 양쪽을 정돈하면 타협 흐름인데 AI 시각에서 형세는 흑이 약간 편한 정도이다.

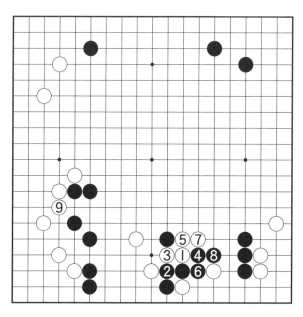

18도

18도(백, 효율적 껴붙임)

16도 흑2 때 백1로 위에서 껴붙이는 것이 효율적 행마이며 이하 8까지 정리되고 나서 좌변 백9로 지키면 백이 약간 편한 형세로 본다.

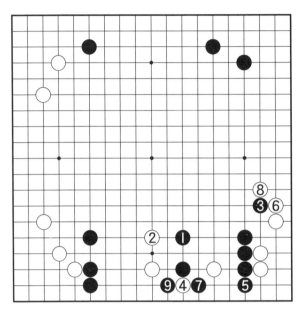

19도

19도(흑, 온건한 공격)

처음으로 돌아가서 흑1
로 뛰는 온건한 공격도
생각할 수 있다. 백2에
흑3은 나부터 힘을 기르
자는 유연한 작전인데
백4로 붙여 교란하면 흑
5를 활용한 후 7로 방어
할 수 있다.

다음 서로 백8과 흑9
로 보강하면 AI 시각에
서 형세는 흑이 약간 편
한 정도이다.

20도

20도(백, 즉각 붙임)

흑1에는 즉각 백2의 붙
임이 효과적이다.

흑3, 5로 물러서는 것
이 무난한데 백6으로 근
거를 갖추면 백이 약간
은 편한 형세로 본다.

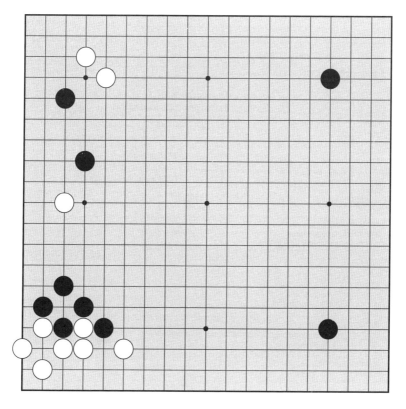

● 흑 차례

　좌변에 백이 침입하고 나서 좌하귀 정석 변화가 이루어진 장면이다. 흑은 귀에 실리를 허용한 대신 두터운 벽을 쌓아 대가를 얻기 위한 공격 준비도 완료되었다.

　여기서는 이 벽을 활용해서 침입한 백을 어떻게 공격하며 국면을 정리해야 능률적인지 알아본다.

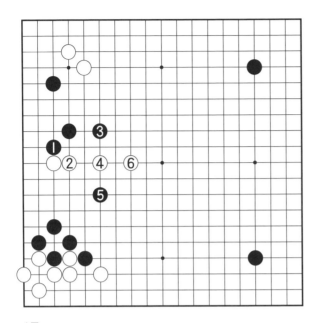

1도

1도(흑, 뿌리부터 공격)

흑1로 붙이며 뿌리부터 공격하는 것은 백이 6까지 중앙으로 진출해서 충분한 모습이다.

그렇다고 형세가 한쪽으로 기운 것은 아니지만 흑은 좌하귀 정석의 두터움을 제대로 살리지 못한 것이 아쉽다.

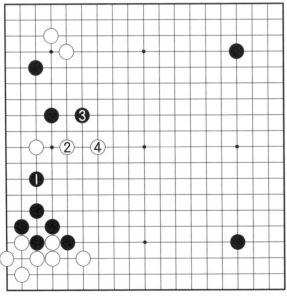

2도

2도(흑 모양 중복)

흑1의 협공도 백이 2, 4로 진출해서 불만 없다.

AI 시각에서는 거의 어울린 형세로 보지만 좌하변 흑 모양이 약간 중복되어 아쉬운 점은 여전하다.

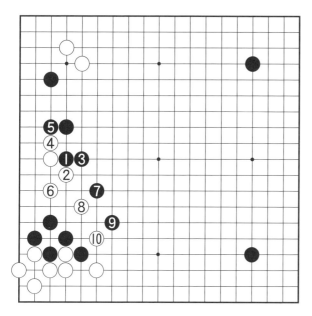

3도

3도(흑, 위로 붙임)

흑이 두터움을 최대한 살리자면 변쪽 공격보다 중앙에서 봉쇄하는 편이 유력하다.

우선 흑1로 붙이면 백도 2 이하 6까지 모양을 잡고 흑7로 봉쇄하려 해도 백8, 10으로 오히려 흑이 차단되어 불리한 진행이다.

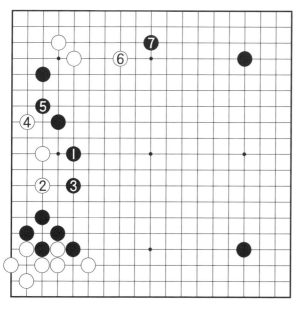

4도

4도(안정적 모자 공격)

흑1의 모자 공격이 가장 안정적이다.

그러면 백2에 흑3으로 봉쇄가 가능하며 이하 7까지 AI의 추천 변화인데 흑이 약간 정도는 활발한 형세로 본다.

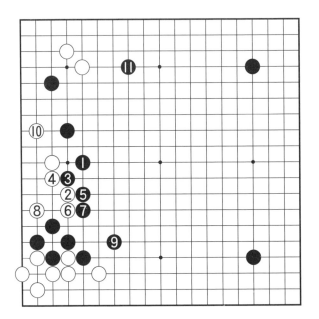

5도

5도(백, 날일자 나감)

흑1에 백2의 날일자로 나갈 때는 흑3 이하로 봉쇄하며 11까지 AI의 추천 변화인데 흑이 약간 편한 정도 어울린 형세로 본다.

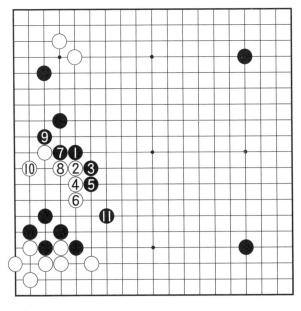

6도

6도(백, 붙여나감)

흑1에 백2로 붙여나갈 때가 문제인데 일단 흑3 이하 11까지 포위하는 것이 힘찬 수법이다.

다음이 서로 어려운데~

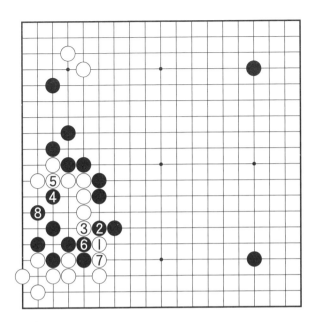

7도

7도(흑, 수상전 유도)

백1로 차단하면 흑도 2 이하 8까지 끊으면서 수상전을 유도한다.

　이후 수순은 여러 갈래가 있어 생략하지만 흑 모양에 탄력이 있어 백이 최선을 다해도 편하게 잡을 수 없는 만큼 흑이 앞서는 진행이다.

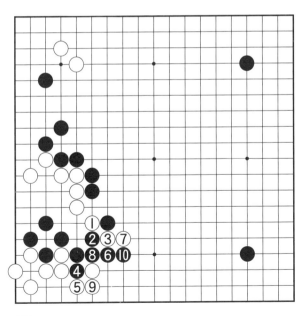

8도

8도(백, 은근한 반격)

6도 다음 백1, 3의 끊음이 은근한 반격이다.

　흑도 4 이하 10까지 진출하면 서로 어려운 싸움이지만 AI 시각에서 흑이 약간 편한 정도이다.

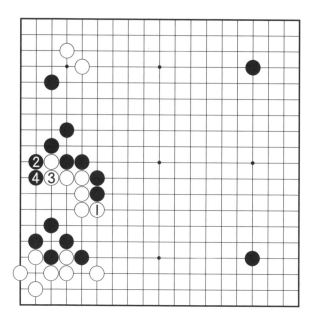

9도

9도(흑, 좌변 연결)

6도 흑9 때 백1의 꼬부림이면 중앙 포위를 피할 수 있지만 좌변 흑2, 4로 넘어가서 흑이 편한 진행이다.

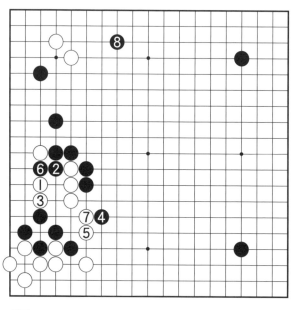

10도

10도(흑, 유리)

6도 흑7 때 백1 이하 5까지면 좌하 흑말을 확실히 잡을 수 있지만, 흑도 6으로 뚫어 한점을 선수로 잡고 상변 8의 요소를 선점하면 AI 시각에서 흑이 유리한 진행이다.

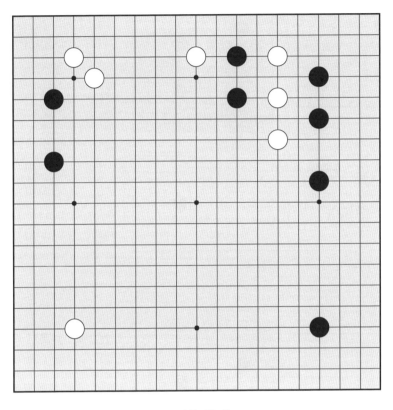

○ 백 차례

양화점 포석으로 출발해서 좌변은 실전 빈도가 높은 견실한 소목 정석이며 상변에서의 공방이 초점이다.

화점 협공 정석을 배경으로 서로 뜀뛰기를 하며 중앙으로 전투가 번지고 있는 장면인데, 능률을 중시하는 AI 관점에서 이후 변화에 대해 알아본다.

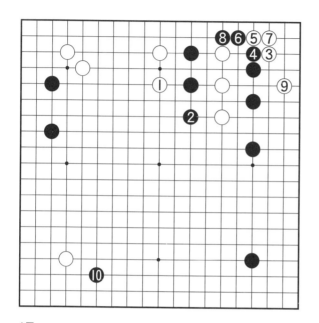

1도

1도(흑, 전국 주도)

우선 백1과 흑2의 뜀으로 경합하면서 싸움을 이어갈 수 있다.

다음 백이 중앙으로 계속 나가는 것이 부담이면 3 이하 9까지 귀부터 침범할 수 있지만 백 석점이 차단되었고 흑 10으로 걸치며 전국을 주도하면 AI 시각에서 흑이 약간 활발하다.

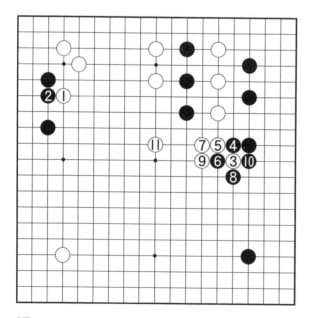

2도

2도(백, 눈목자 행마)

앞 그림 흑2 때 좌변 백 1로 활용해놓고 우변을 향한 3의 눈목자가 AI 의 능률적 행마이다.

흑4, 6으로 끊으면 백 7로 늘고 나서 11까지 우변 한점은 잡히지만 상변 전투를 주도해서 백도 충분하며 형세는 거의 호각으로 본다.

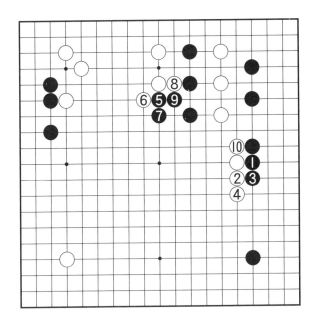

3도

3도(흑, 유력한 방안)

앞 그림 백3 때 우변 흑
1, 3으로 밀어놓고 5 이
하 9까지 상변 모양을
정리하는 방안도 유력하
다. 백도 10으로 두텁게
모양을 갖추면 AI 시각
에서 형세는 호각이다.

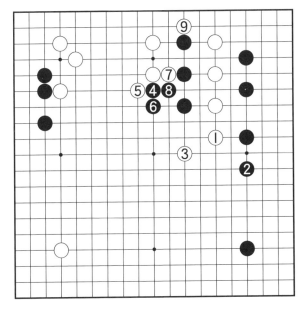

4도

4도(백, 무난한 방안)

1도 흑2 때 백1, 3의 중
앙 행마도 평범하지만
무난한 방안이다.

흑4 이하 8까지 모양
을 갖추고 백도 9로 넘
으면 거의 어울린 형세
로 본다.

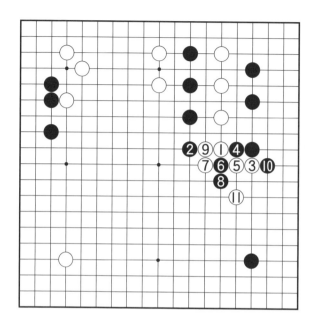

5도

5도(백, 능률적 붙임)

백1에 중앙에서 흑2로 경합하는 것도 유력하다. 단순히 뛰기만 해서는 실속이 없는 만큼 이때는 백3의 붙임이 능률적 행마이다.

당장 흑4, 6으로 끊으면 백7 이하 11까지 예상되는 변화인데 AI 시각에서 백이 약간 활발한 흐름이다.

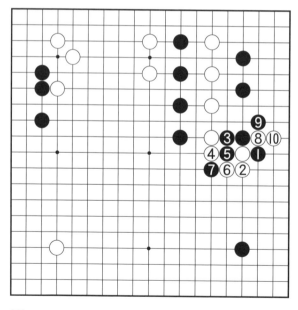

6도

6도(효과적 수순)

앞 그림 백3 때 흑이 중앙 끊음을 생각한다면 1로 젖힌 후 3 이하 7까지가 효과적 수순이다.

백도 8, 10으로 우변 약점부터 공략하는 것이 우선이며~

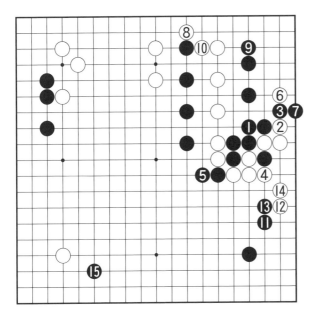

7도

7도(봉쇄 이후의 변화)

흑도 1로 단점을 잇고
백2, 4로 안정하면 흑5
로 일단 봉쇄하는 것이
기세이다.

　백이 6으로 활용하며
10까지 안정하는 동안
흑도 귀를 지킨 후 15까
지 우변을 압박하고 하
변을 주도하면 AI 시각
에서 백이 약간 편한 정
도로 어울린 형세이다.

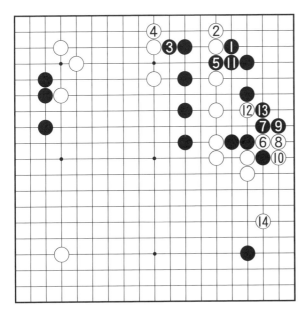

8도

8도(흑, 허리부터 차단)

6도 백4 때 흑1, 3으로
귀와 변을 활용하면서 5
로 끼우며 허리부터 차
단하는 것도 능률적 방
안이다. 백6 이하 10까
지 우변 한점을 잡으면
흑11의 이음이 두터운
보강이다.

　백도 12로 활용해놓
고 14로 우변을 다스리
면 AI 시각에서 형세는
호각이다.

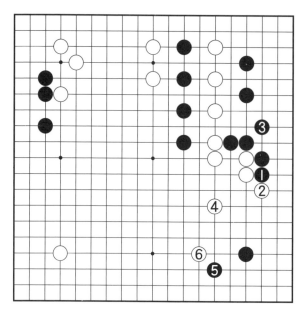

9도

9도(흑, 우변부터 지킴)

거슬러 올라가 6도 백4
때 흑1, 3으로 우변부터
지키면 어떨까.

백도 4, 6으로 지키면
서 국면을 넓게 사용하
는 것이 AI의 능률적 행
마인데 백이 약간은 활
발한 형세로 본다.

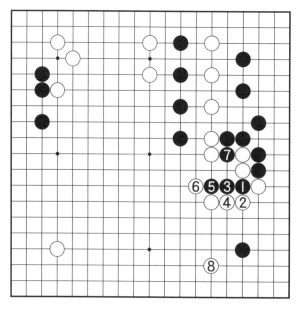

10도

10도(흑, 성급한 행동)

앞 그림 백4의 지킴이
다소 허술하다 해도 당
장 흑1로 끊는 것은 성
급한 행동이다.

백2 이하 6까지 두텁
게 벽을 쌓은 후 8로 귀
를 공격하면 AI 시각에
서 백이 약간 유리한 국
면이다.

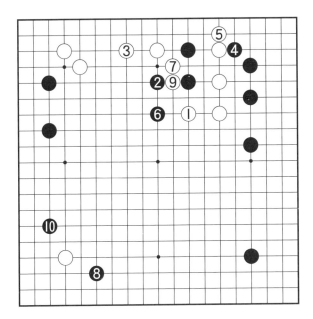

11도

11도(백, 중앙 모자)

처음으로 돌아가서, 백1의 모자로 중앙부터 두면 흑도 2의 모자로 대응하면서 6까지 무난한 공방이다.

이때 백7로 약점을 들여다보면 어떻게 대응할까. 흑8, 10으로 두점을 버리고 양걸침으로 국면을 주도해도 충분하며 거의 호각으로 본다.

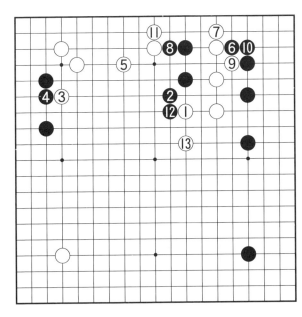

12도

12도(흑, 마늘모 나감)

백1에 흑2의 마늘모로 나가면 백3으로 활용한 후 5의 상변 지킴이 안정적이다.

흑6, 8로 귀와 변을 제어하면 백9로 끼움을 방어한 후 13까지 AI의 무난한 변화이며 형세는 호각으로 본다.

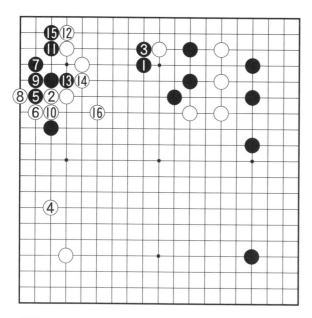

13도

13도(흑, 상변부터 제어)

앞 그림 백3 때 흑1로
상변부터 제어하면 백2
와 흑3의 바꿔치기는 기
세이다.

　백4로 좌변을 다스릴
때 좌상귀는 흑5로 젖힌
후 15까지 살아가는 형
태이며 백16으로 지키
면 AI 시각에서 흑이 약
간 편한 정도이다.

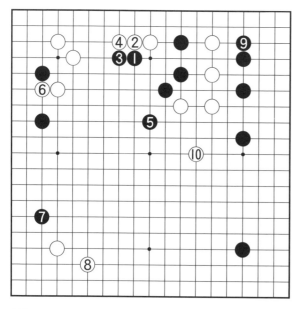

14도

14도(백, 상변 받음)

흑1에 백2, 4로 받는 것
도 무난한데 흑5의 날일
자는 공수를 겸하는 중
앙 요소이며 백6으로 제
압하는 흐름이 된다.

　흑7, 9는 AI가 제시
하는 큰 자리이며 백10
으로 진출하면 서로 균
형이 잡힌 형세로 본다.

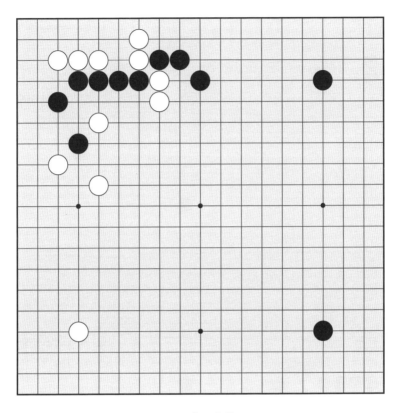

● 흑 차례

　　흑은 양화점 포석으로 출발해서 좌상귀 소목에 걸쳤고 백
이 두칸협공에 의한 적극적 공세로 임하면서 파생된 모양이
다. 서로 허술한 모양으로 얽히며 중앙으로 전투가 번지고
있는 장면인데, 능률을 중시하는 AI 관점에서 이후 변화에
대해 알아본다.

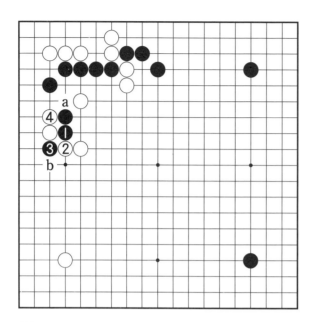

1도

1도(맞보기)

우선 흑1, 3으로 좌변에서 끊는 것은 통하지 않는다.

백4로 밀면서 a와 b를 맞보면 오히려 흑이 궁지에 몰린다.

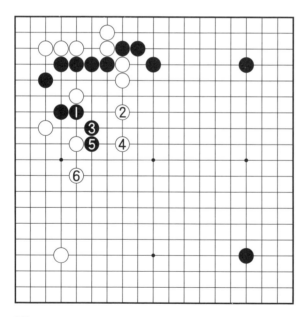

2도

2도(흑, 다소 둔한 행마)

흑1로 나가는 것은 다소 둔한 행마이다. 백이 중앙에서 2, 4로 몰면서 좌변도 6으로 대처하면 AI 시각에서 백이 약간은 편한 흐름이다.

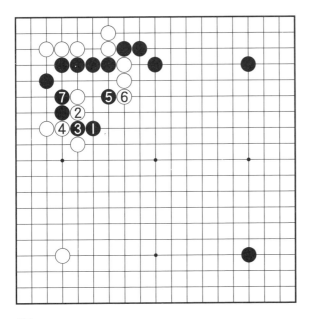

3도

3도(흑, 산뜻한 날일자)

좌변에서 나간다면 흑1의 날일자가 능률적이며 보기에도 산뜻한 행마이다. 백은 두 가지 끊음을 생각할 수 있지만 2, 4로 변쪽을 끊는 것은 흑 5, 7로 두점을 잡으면 백이 싸우는 데 어려움이 있는 만큼 피하는 것이 속편하다.

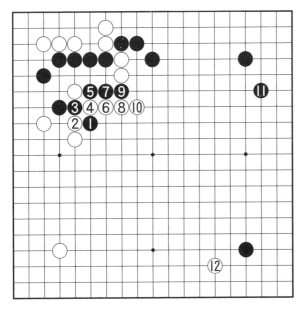

4도

4도(백, 안정적 끊음)

흑1에 백2, 4로 중앙 쪽을 끊는 것이 안정적이며 이하 12까지가 AI의 무난한 변화이다. 흑이 두점을 차단했지만 백도 두터운 만큼 거의 어울린 형세로 본다.

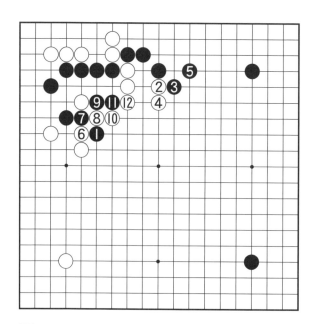

5도

5도(두점 살리는 방안)

흑1에 백이 중앙 두점을 살리자면 2, 4로 선수해 놓고 6, 8로 끊는 방안도 있다.

이 진행은 흑9, 11에 백12로 봉쇄하는 장점이 있는 반면 상변을 굳혀주는 단점도 있다.

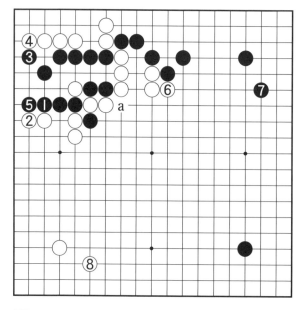

6도

6도(능동적 꼬부림)

이다음 흑1 이하 5까지 살아두는 것이 안정적이며 백6의 꼬부림은 a의 약점을 능동적으로 보강하는 요소이다.

다음 흑7과 백8의 굳힘으로 큰 자리를 주고받으면 AI 시각에서 형세는 호각이다.

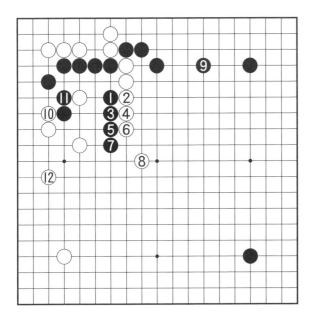

7도

7도(중앙에서 둔한 행마)

처음으로 돌아가서 중앙 흑1의 한칸으로 나간 다음 이하 12까지 알기 쉬운 변화로 흘러가면 흑이 다소 둔한 행마이며 2도와 비슷한 맥락이다.

AI 시각에서는 중앙과 좌변을 정비하며 흑진을 노리는 백이 약간 편한 정도 어울린 형세로 본다.

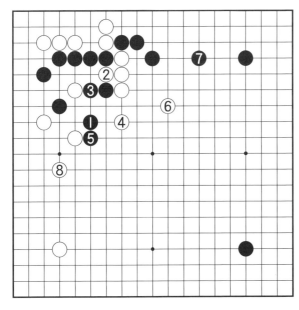

8도

8도(흑, 날렵한 날일자)

앞 그림 백2 때 이제라도 흑1의 날일자가 날렵한 행마이다.

이하 8까지 서로 모양을 갖추면서 무난하게 싸우면 형세는 호각으로 본다.

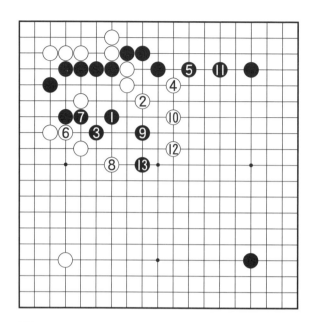

9도

9도(흑, 능률적 두칸)

흑이 중앙으로 나간다면 1의 두칸이 좌변과 연계된 능률적 행마이다.

백2의 마늘모는 온건한 행마이며 이하 13까지 AI의 무난한 변화인데 흑이 약간 편한 정도 어울린 싸움으로 본다.

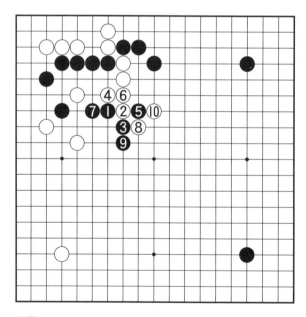

10도

10도(백, 적극적 호구)

흑1에 백2, 4의 호구는 흑진을 압박하려는 적극적 행마이지만 흑5의 단수 한방은 아프며 이하 10까지 필연이다.

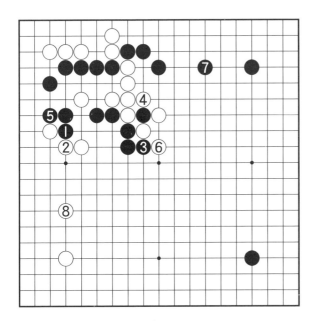

11도

11도(타협 흐름)

이다음 8까지의 진행에서 보듯이 흑이 좌변과 상변을 지키고 백도 중앙과 좌변을 정비하면 타협 흐름인데, AI 시각에서 흑이 약간은 편한 형세이다.

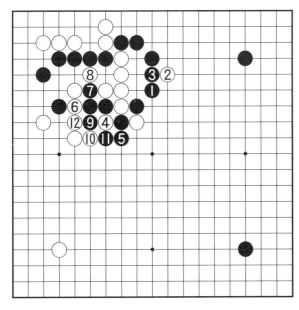

12도

12도(능률적 사석작전)

10도 백8 때 흑1로 차단하면 어떨까.

백은 2로 미리 활용해놓고 4 이하 12까지 두텁게 조이는 것이 능률적 사석작전이다.

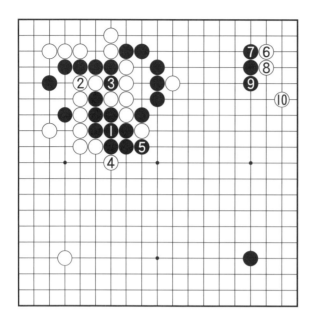

13도

13도(세심한 안목)

이다음 흑1에 이을 때 백2 다음 4로 중앙을 압박하며 반응을 보는 것이 세심한 안목이다.

흑5로 받으면 백6의 침입으로 전환해서 10까지 이 진행은 AI 시각에서 흑이 약간 편한 정도로 어울린 형세이다.

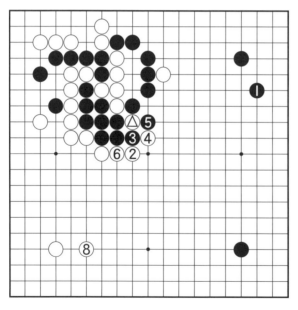

14도

14도(백, 입체적 모양 구축)

앞 그림 백4 때 흑1로 먼저 귀를 굳히면 백2의 장문을 이용해 6까지 조인 후 8로 굳혀 변에서 중앙으로 이어진 입체적 모양을 구축한다.

이 진행도 흑이 약간 편한 정도 어울린 형세로 본다.

❼‥△

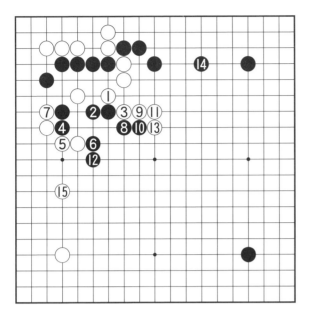

15도

15도(수순을 바꿀 경우)

수순을 바꿔 백1, 3으로 호구치면 단수 한방은 피할 수 있다.

이하 15까지 AI의 유력한 변화인데 형세는 흑이 약간 편한 정도로 본다.

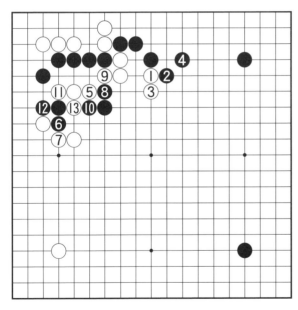

16도

16도(백, 과감한 작전)

백1, 3을 선수하면 상변을 굳혀주지만 이래놓고 5로 차단하는 것도 과감한 작전이다.

이하 13까지 흑이 완전 탈출하기는 어렵지만 서로 최선을 다하는 능률적 공방이다.

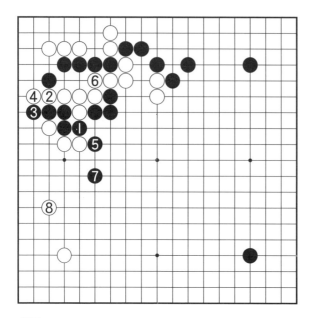

17도

17도(타협 수순)

이다음 흑1에 백2, 4로 뚫은 후 8까지 AI가 제시하는 타협 수순이다.

흑이 한쪽은 잡혔지만 좌변 모양이 두터운 만큼 형세는 호각으로 본다.

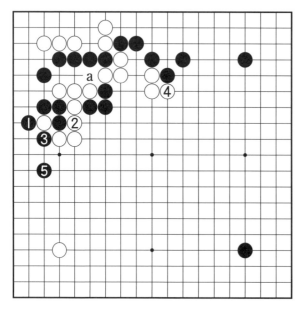

18도

18도(흑, 전체 살릴 경우)

16도 다음 변에서 흑1로 단수치면 전체를 살릴 수 있지만 백도 2로 연결하면 두터워서 충분하다.

흑3으로 잡을 때 백4의 꼬부림은 a의 약점을 능동적으로 대처하겠다는 뜻이며 다음 흑5로 보강하면 AI 시각에서 백이 약간 편한 정도로 어울린 형세이다.

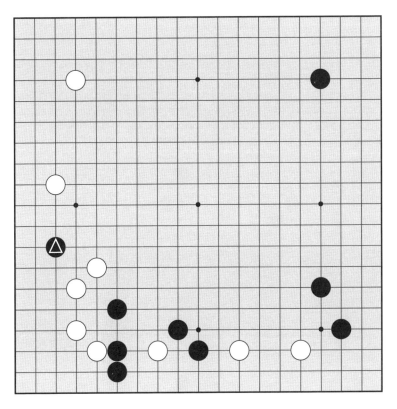

● 흑 차례

　화점·소목 포석에서 파생된 모양이다. 흑 소목과 백 화점이 마주보는 하변에서 접전이 벌어졌고 백은 적당한 선에서 타협한 후 좌변에 협공해서 국면을 주도하고 있는 중이다. 이후 흑▲의 탈출을 둘러싸고 어떻게 싸우며 국면을 정리해야 능률적인지 알아본다.

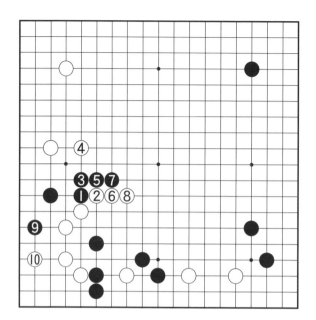

1도

1도(기대기 수단)

우선 흑1의 붙임은 기대고 나오는 일반적 수단이다.

백2, 4로 추격한 후 10까지는 AI의 무난한 변화이다.

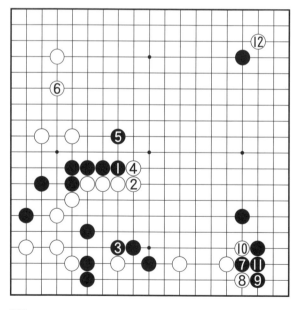

2도

2도(안정적 수순)

이다음 흑1로 밀어놓고 하변 3으로 지키면 백도 4로 꼬부린 후 좌변 6으로 지키는 것이 서로 안정적 수순이다.

우하귀 흑7로 공격할 때 백8, 10으로 활용해 놓고 12의 침입으로 전환하면 AI 시각에서 백이 약간 편한 정도로 어울린 형세이다.

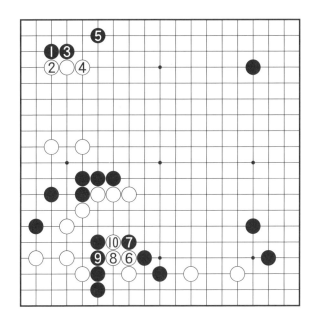

3도

3도(유력한 강수)

1도 다음 흑1로 먼저 침
입해서 5까지 실속부터
챙기면 백은 하변 약점
을 노릴 수 있다.

백6 이하 10까지 소
로를 타고나가는 것이
유력한 강수이다.

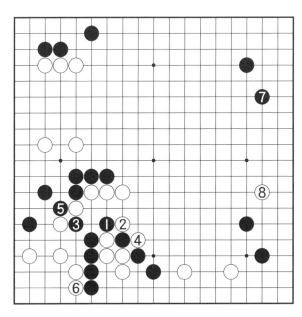

4도

4도(대표적 타협 수순)

이다음 흑1로 막은 후 6
까지는 대표적인 타협
수순을 보여준다. 흑이
좌변과 연결하는 동안
백도 하변을 다스리며
귀를 지켜 충분하다.

이후 AI는 흑7의 굳
힘과 백8의 우변 걸침을
추천하는데 거의 호각
국면으로 본다.

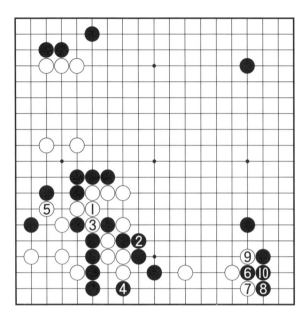

5도

5도(백, 접선 차단)

앞 그림 흑3 때 백1로 좌변과 접선을 차단하면 하변에서 흑2로 잇고 4로 건널 수 있다.

백5는 능동적 보강이며 흑도 우하귀 6의 붙임은 기세의 전환이다. 이하 10까지 백이 활용하고 나서~

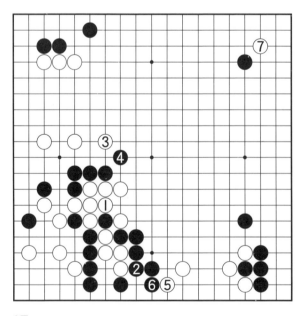

6도

6도(모범 변화)

백1 이하 5까지 중앙과 하변에서 선수 활용한 후 7의 침입도 AI의 모범 변화인데, 이 진행도 호각으로 본다.

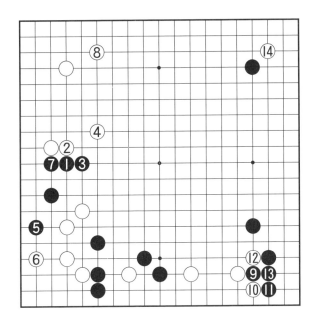

7도

7도(흑, 날일자 탈출)

처음으로 돌아가서 흑1
의 날일자로 탈출할 때
는 백2, 4로 추격한 후
8까지 진행되면 서로 안
정적이다.

　우하귀 흑9의 붙임에
백10, 12로 활용한 후
14의 침입으로 전환하
면 AI 시각에서 형세는
호각이다.

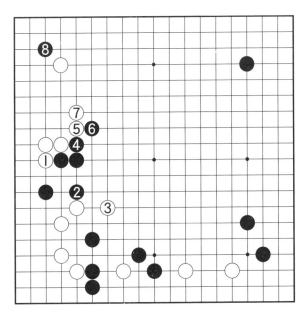

8도

8도(백, 꼬부림)

앞 그림 흑3 때 백1로
꼬부려 근거를 위협하면
어떨까.

　흑은 2 이하 6까지 중
앙에 모양을 갖춘 후 8
의 침입으로 전환하는
것이 효율적이며 이 진
행도 호각으로 본다.

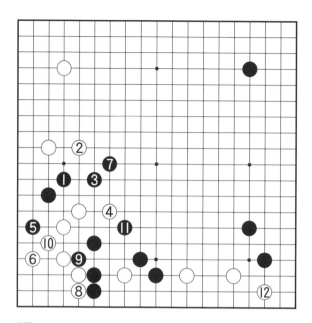

9도

9도(흑, 마늘모 탈출)

이번에는 흑1의 마늘모로 탈출하는 경우인데, 발은 늦지만 탄력적 행마이며 이하 7까지 무난한 중앙 경합이다.

　다음 백8로 귀를 지키면 하변 흑도 9, 11로 보강하는 것이 안전하며 백12의 큰 자리로 달리면 AI 시각에서 거의 어울린 형세이다.

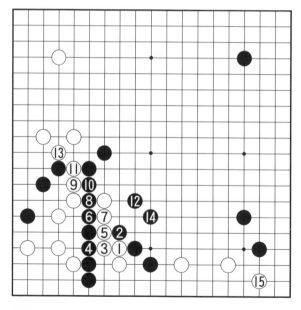

10도

10도(바꿔치기 양상)

앞 그림 흑7 때 백1, 3으로 하변 흑진에서 도발하면 어떻게 될까.

　흑4로 이은 후 14까지 되면 바꿔치기 양상인데, 다음 백15로 달려 엷은 진영을 보강하면 백이 약간 편한 정도 어울린 형세로 본다.

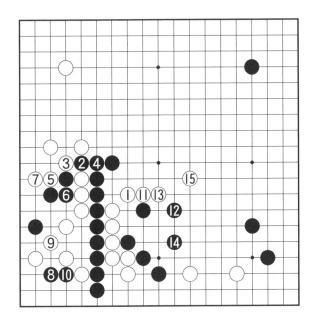

11도

11도(백, 하변 탈출)

앞 그림 흑12 때 백1로 탈출하면 흑2로 끼우는 것이 적절한 대응이다. 백3 이하 7까지 좌변을 제압하지만 흑도 8, 10으로 귀를 공략해서 어느 정도 만회할 수 있다.

다음 백11 이하 15까지 대마의 활로를 개척하면 AI 시각에서 균형이 잡힌 형세이다.

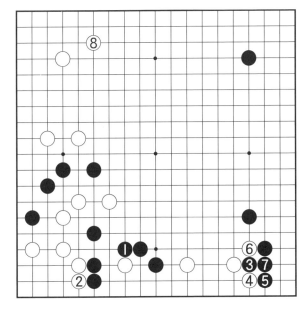

12도

12도(흑, 하변 지킴)

9도 백6 때 하변 흑이 분란을 피하려면 1로 먼저 지키는 것도 안전한 방법이다.

백도 2로 귀부터 지키는 것이 무난하며 흑3으로 하변의 근거를 위협할 때 백4, 6으로 활용한 후 8의 굳힘으로 전환하면 백이 약간 편한 형세로 본다.

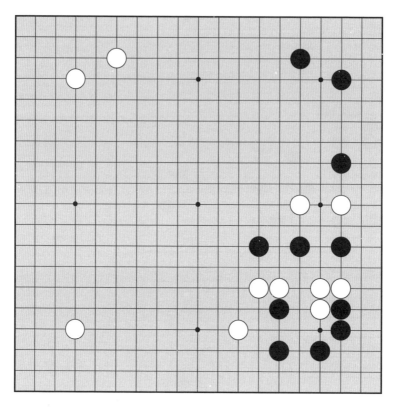

● 흑 차례

　　양소목 날일자굳힘 포석에서 파생된 모양이다. 소목 한칸
걸침 정석으로 터를 잡은 우변 백 진영에 흑이 다가선 후 침
입해서 접전이 벌어졌고 백이 유연한 중앙 행마로 국면을 주
도하면서 하변으로 전장이 확산중이다. 능률을 중시하는 AI
관점에서 이후 변화에 대해 알아본다.

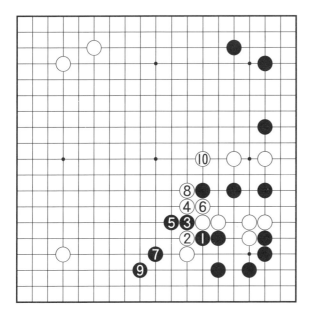

1도

1도(흑, 강공책)

우선 흑은 강공과 온건 중에서 선택의 기로에 놓여있다.

흑1, 3으로 끊는 것이 강공책이다. 백4, 6으로 잇고 나서 10까지 서로 하변과 우변을 제압하며 바꿔치기로 임하면 무난한 타협이다.

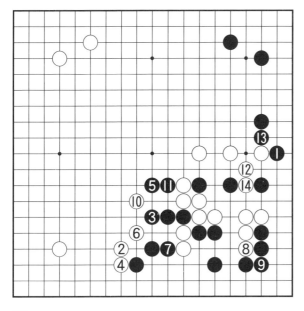

2도

2도(약점 노리는 요소)

이다음 흑1로 우변 백집을 삭감하면 백2로 다가서는 것이 하변 약점을 노리는 요소이다.

흑3은 견실한 지킴이며 백도 4 이하 10까지 기분 좋게 활용하고 나서 우변 12, 14로 간명하게 정비하면 AI 시각에서 형세는 호각이다.

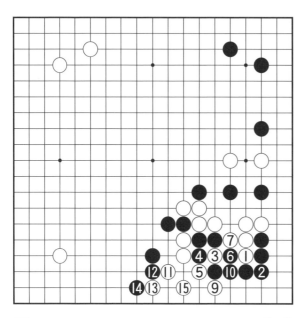

3도

⑧‥③

3도(안일한 발상)

1도 흑7 때 백이 수읽기에 자신 있다면 귀에서 1로 활용해놓고 자체에서 치열하게 싸우는 방법도 생각할 수 있다. 우선 백3의 끼움이 모양의 급소이지만 이하 15까지 근거를 확보하는 것은 안일한 발상이다.

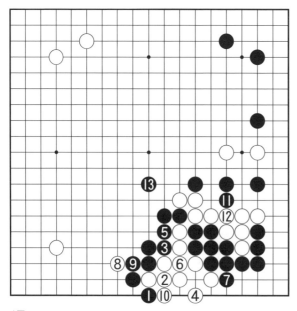

4도

4도(흑, 활발)

다음 진행에서 보듯이 하변 백이 살았다고 해도 흑1 이하 7까지 두텁게 조인 후 11, 13으로 우변을 위협하면 흑이 활발한 형세이다.

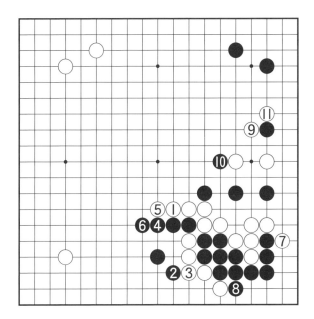

5도

5도(고급 사석작전)

3도 흑10 때 중앙 백1 이하 5로 밀어놓고 귀쪽 7의 젖힘을 선수해서 하변 백말은 사석으로 활용한다는 것이 AI의 고급 발상이다.

백이 실리는 허용했지만 9, 11로 우변을 다 스리면 충분하며 AI 시각에서 거의 어울린 형세이다.

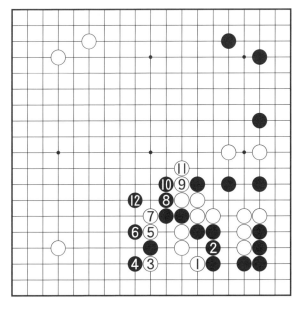

6도

6도(어려운 싸움)

거슬러 올라가 3도 흑2 때 백1로 가볍게 활용해놓고 3, 5로 양쪽을 껴붙이는 방법도 유력하다. 다만 흑6 이하 12까지 강력히 포위하면 이후 변화가 여러 갈래이므로 서로 어려운 싸움이다.

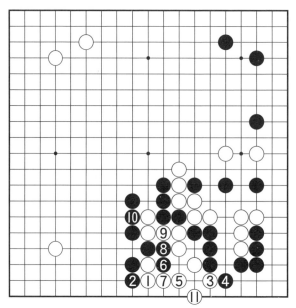

7도

7도(간명한 변화)

이다음 간명한 변화를 제시해본다.

백1 이하 5로 근거를 갖춘 후 11까지면 사는 모습인데 흑도 바깥을 두텁게 조여 불만 없다.

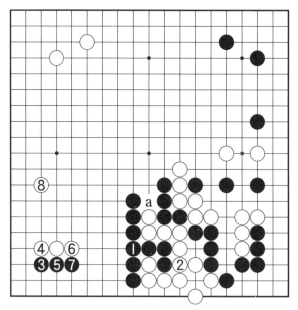

8도

8도(무난한 변화)

계속해서 흑1을 활용한 후 3으로 침입하고 이하 8까지 AI의 무난한 변화인데 거의 어울린 형세로 본다.

백이 귀의 집을 허용하며 버티고 있지만 a로 나가는 맛도 있는 만큼 앞으로 승부는 우변 전투에서 결정될 공산이 크다.

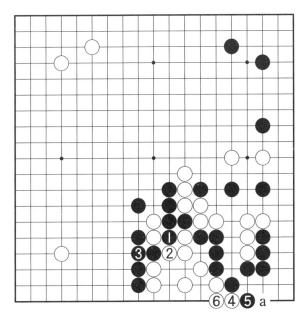

9도

9도(달콤한 유혹)

7도 백5 때 흑1로 두점을 잡는 것은 달콤한 유혹에 불과하다.

백2로 근거를 넓히며 4, 6으로 살면 귀에 a의 활용을 기반으로 조이는 맛이 생겨 흑이 불리한 흐름으로 돌변한다.

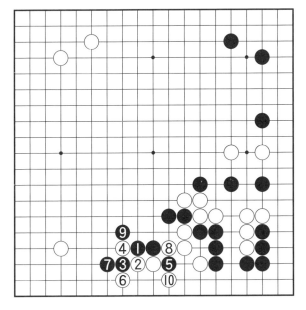

10도

10도(무난한 타협)

6도 백3 때 흑1로 물러선 후 3으로 젖히는 것은 복잡한 변화를 피하려는 방안이다.

백4로 끊은 후 10까지 AI의 유력한 변화인데, 서로 약점을 노리면서 치열한 공방이지만 결과는 무난한 타협으로 귀착된다.

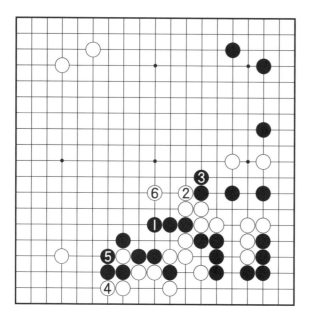

11도

11도(모범 변화)

이다음 흑1은 무디지만 견실한 보강이며 백2 이하 6까지 AI의 모범 변화인데 형세는 백이 약간 편하다.

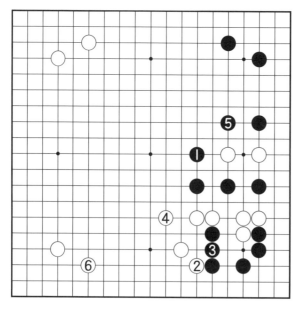

12도

12도(흑, 온건한 모자)

처음으로 돌아가서, 흑이 온건하게 두는 방법으로는 우선 1의 모자를 생각할 수 있다.

　백2, 4로 지킨 후 서로 흑5와 백6으로 진영을 정비하면 AI 시각에서 형세는 호각이다.

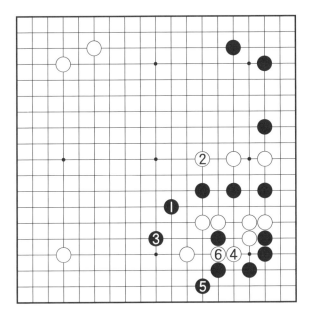

13도

13도(흑, 포위하는 방안)

이번에는 흑1, 3으로 포위하는 방안이다.

　백도 우변을 돌보면서 4, 6으로 자체 안정을 모색하는 흐름이면 충분하다.

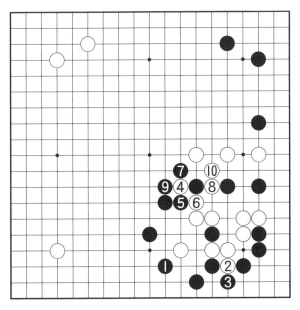

14도

14도(포위망 돌파)

이다음 흑1로 가두면 백은 2를 선수한 후 4, 6으로 끊고 8, 10으로 포위망을 돌파할 수 있다.

　흑도 중앙이 강해진만큼 AI 시각에서 호각으로 인정한다.

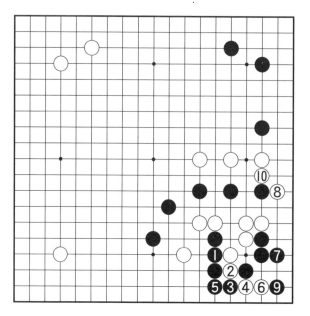

15도

15도(효과적 응수타진)

13도 백4 때 흑1로 이어 강하게 대응하면 백2, 4로 끊는 것이 효과적 응수타진이다.

흑5로 이으면 백이 6에 늘고 나서 귀를 담보로 8, 10으로 넘는 것이 AI의 타개법이다. 백 전체가 안정된 만큼 중앙이 미생으로 전락한 흑이 불리한 흐름이다.

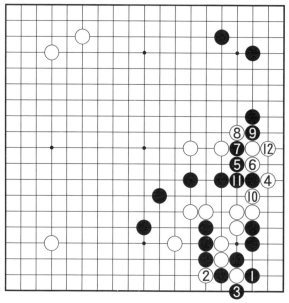

16도

16도(흑의 정수)

앞 그림 백4 때 흑1로 귀에서 잡는 것이 정수이다. 백2 다음 4의 붙임에는 흑5, 7로 중앙을 차단하며 이하 12까지 필연이다.

백도 우변에서 삶의 근거를 확보했고 중앙은 서로 끊긴 상태이므로 AI 시각에서 타협이며 형세도 호각이다.

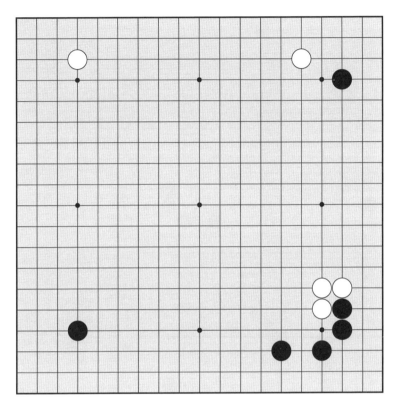

○ 백 차례

　양소목 포석에서 백이 빠르게 양쪽 귀부터 걸치면서 파생
된 모양으로 실전에서도 자주 볼 수 있는 장면이다.
　우하귀 정석에서 백은 벌림을 앞두고 있는데 우상귀 배치
와 연계해서 이후 어떻게 싸우며 국면을 정리해야 능률적인
지 알아본다.

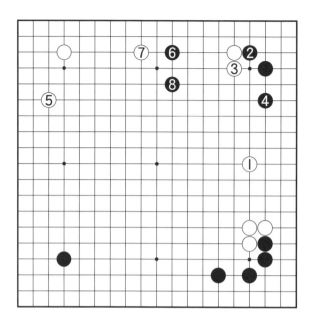

1도

1도(흑, 국면 주도)

부분적으로는 백1의 벌림이 보통이지만 흑2, 4로 우상귀를 지키면 우변의 가치가 반감된 백이 약간 불만이다.

　이하 8까지 AI의 유력한 변화인데 흑이 주도하는 국면으로 본다.

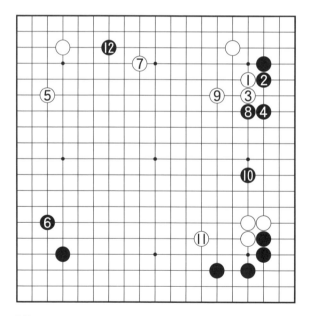

2도

2도(우변의 가치 약화)

외목에서 백1의 씌움은 AI가 즐겨 사용하는 귀의 수단인데 흑2, 4로 받으면 역시 우변의 가치가 약화된다.

　백도 5로 굳힌 후 9까지 상변을 키울 수 있지만 흑10으로 공격한 후 12로 침입하면 흑이 약간은 편한 형세로 본다.

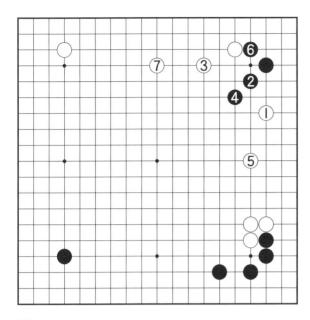

3도

3도(능동적 벌림)

먼저 백1로 우상귀를 협공하는 것이 우변을 넓게 보는 능동적 벌림이다. 이하 7까지 진행되면 백이 양쪽 변을 능률적으로 처리한 모습이며 AI 시각에서 형세는 호각이다.

　다만 수순 중 백3은 안전한 행마는 아니었으니~

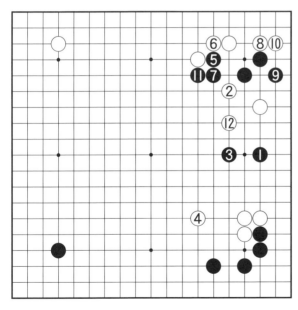

4도

4도(흑, 우변 침입)

우변 흑1의 침입에 대비책을 세워야 한다. 백2, 4로 양쪽을 바쁘게 나갈 때 흑5, 7이 교묘한 탈출이며 이하 12까지 서로 모양을 정리하면 이후 어려운 싸움이다.

　AI 시각에서는 흑이 약간 편한 정도로 본다.

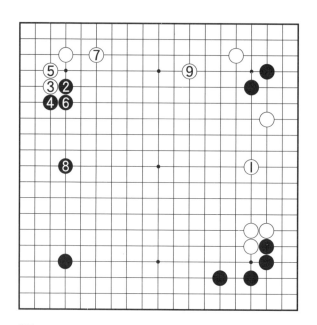

5도

5도(백, 안정적 벌림)

3도 흑2 때 백1로 우변부터 벌려 모양을 잡는 것이 안정적이다.

다음 AI는 흑이 2로 걸친 후 8까지 좌변을 키우고 백이 9로 상변을 다스리면 거의 어울린 형세로 본다.

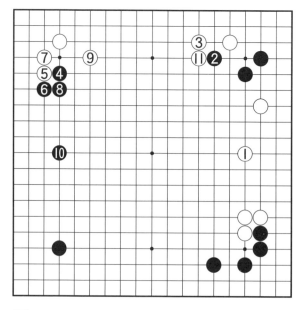

6도

6도(흑의 일책)

백1에 흑2로 눌러놓고 4의 걸침도 일책이다.

이하 11까지 AI의 유력한 변화인데 서로 진영을 나누며 균형이 잡힌 형세로 본다.

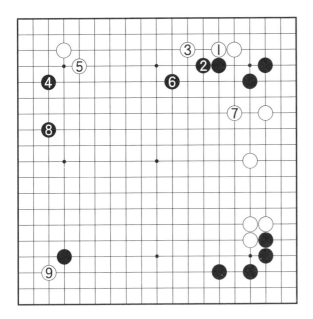

7도

7도(백, 밀고 뛰는 경우)

앞 그림 흑2 때 백1로 밀고 3으로 뛸 수도 있다. 이하 9까지 AI의 대국적 안목에 의한 능률적 행마인데 형세는 호각으로 본다.

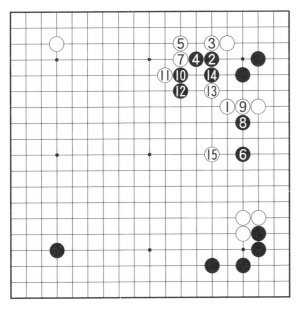

8도

8도(백, 과감한 착상)

3도 흑2 때 백1의 뜀은 우변을 넓혀 상대를 유인하는 과감한 착상인데 흑도 2, 4로 활용해놓고 6으로 침입하는 것이 능동적 대응이다.

백이 7 이하 13까지 활용해놓고 15의 모자로 공격하면 서로 기세를 타며 어울리면서도 어려운 싸움이다.

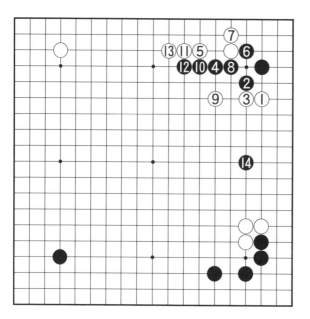

9도

9도(백, 한칸협공)

처음으로 돌아가서, 백1의 한칸협공은 귀를 강하게 압박하며 우변을 넓게 사용하려는 뜻이지만 약점도 노출되는 만큼 운영에 주의를 기울여야 한다.

흑은 2, 4로 씌운 후 6, 8이 두터운 정비이며 이하 14까지 AI의 유력한 변화인데 형세는 우변을 갈라친 흑이 약간 편한 정도로 본다.

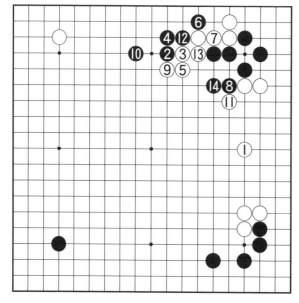

10도

10도(흑, 유리)

앞 그림 흑8 때 백1로 우변부터 지키면 흑2의 씌움이 위력적이다.

백3에는 흑4로 상변에 뿌리를 내린 후 14까지 귀쪽도 견실하게 나오면 백이 쫓기는 흐름이 되며 AI 시각에서 흑이 유리한 국면이다.

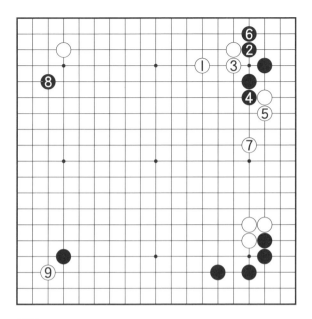

11도

11도(백, 상변부터 지킴)

9도 흑2 때 백1로 상변부터 지키면 흑2 이하 6까지 변을 누르면서 귀를 지키는 것이 무난하다. 다음 AI는 백7로 변을 지킨 후 흑8과 백9로 큰 자리를 주고받으면 흑이 약간은 편한 형세로 본다.

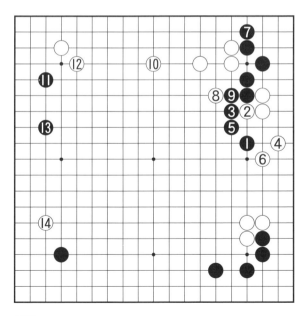

12도

12도(흑, 우변부터 위협)

앞 그림 백5 때 흑1로 씌우며 우변부터 위협하면 어떨까.

백은 2, 4가 안정적 행마이며 흑5에 백6으로 우변을 정비한다. 흑7로 귀를 지킬 때 백도 8, 10으로 상변을 지키면 타협 흐름이다. 이하 14까지 전국으로 국면이 전개되면 AI 시각에서 흑이 약간 편한 정도로 어울린 형세이다.

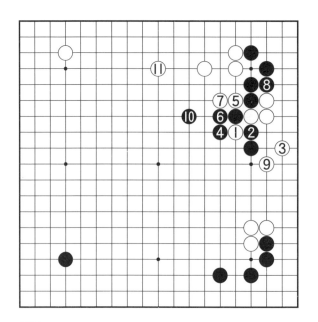

13도

13도(일장일단)

앞 그림 흑3 때 백1로
젖힌 후 9까지 귀를 차
단하면서 우변을 정비하
는 방안도 있지만 중앙
에 모양을 허용하므로
일장일단이 있다. 흑10
과 백11로 서로 진영을
정비하고 나서~

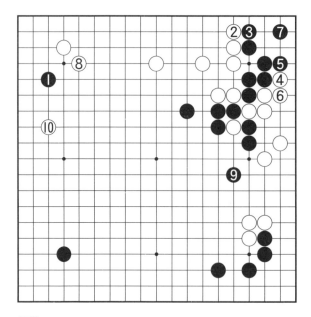

14도

14도(기민한 선수활용)

흑1로 걸칠 때 우상귀
백2 이하 6까지 기민한
선수활용이며 다음 8의
마늘모 지킴으로 전환하
면 무난하다.

흑9와 백10은 AI가
추천하는 큰 자리인데
형세는 중앙이 두터운
흑이 약간 편한 정도로
균형이 잡혔다.

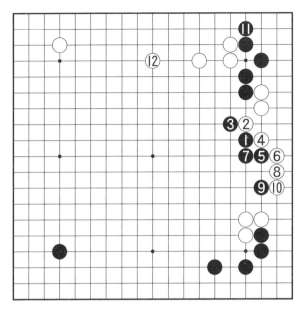

15도

15도(백, 간명한 타개책)

흑1에 백2로 붙인 후 4, 6의 이단젖힘도 간명한 타개책이다.

이하 10까지 무난한 공방이며 흑11과 백12로 각자 귀와 변을 지키면 역시 흑이 약간 편한 정도로 균형이 잡혔다.

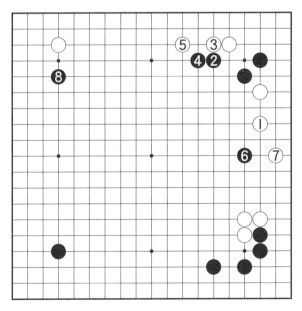

16도

16도(백, 한칸벌림)

거슬러 올라가 9도 흑2 때 백1의 한칸벌림도 AI가 지목하는 요소인데 은근히 귀를 노리는 만큼 공수를 겸한다.

흑2, 4로 눌러놓고 6으로 우변을 제어한 후 8로 걸치면 형세는 흑이 약간 편한 정도로 본다.

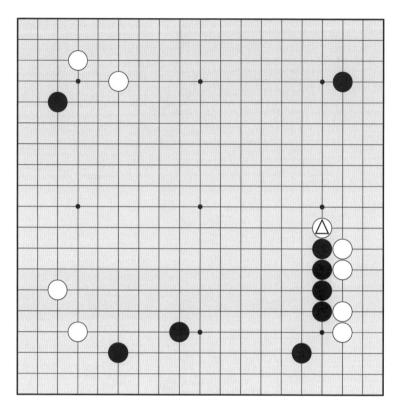

● 흑 차례

　흑이 내세울만한 것은 하변 진영인데 더욱 넓히기 위해 우변을 눌러가며 세력작전을 펼쳤고 백도 △로 젖히며 강하게 맞선 장면이다.

　우하쪽만 놓고 보면 외목 정석에 해당하는데 이후 어떻게 싸우며 국면을 정리해야 능률적인지 알아본다.

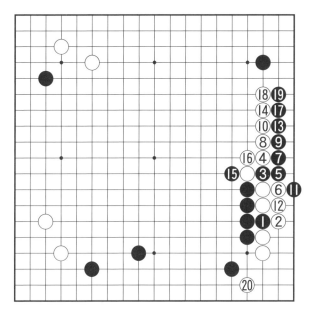

1도

1도(단점 활용)

일단 흑은 1, 3의 수순으로 끊어 단점을 활용하는 것이 유력한 방안이다.

백4, 6으로 몰면 흑이 7 이하 19까지 기어서 귀와 연결하는 것은 필연이며 다음 우하귀 백 20의 수비도 절대이다.

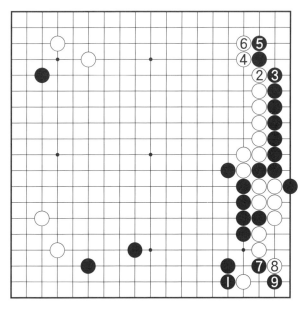

2도

2도(우하귀 공략)

이다음 하변 흑1로 막으면 백2 이하 6까지 우상귀를 틀어막는 것이 두터운 행마이다. 흑도 7, 9의 젖힘이 백이 손뺀 우하귀를 공략하는 좋은 수순이며~

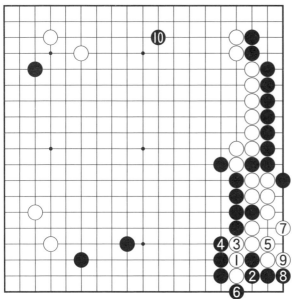

3도

3도(기분 좋은 선수활용)

백1에 흑2 이하 8까지 기분 좋은 선수활용이다. 백이 겨우 살아갈 때 흑10으로 갈라쳐 상변을 견제하면 AI 시각에서 흑이 약간 편한 정도로 어울린 형세이다.

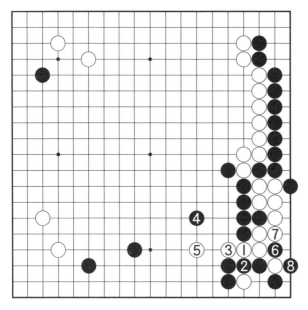

4도

4도(백, 미생)

2도 다음 백1로 나가는 것은 상대에게 선택권을 주므로 이롭지 않다.

흑이 변을 막더라도 앞 그림으로 환원되며 무엇보다 2로 차단하고 나서 8까지 귀를 제압하면 변이 뚫리더라도 백이 미생이 되어 불안한 진행이다.

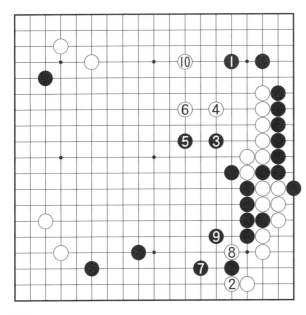

5도

5도(흑의 일책)

거슬러 올라가 1도 다음 흑이 우상귀 봉쇄를 피하려면 1의 굳힘도 일책이다.

대신 백도 2로 밀어 하변을 허물고 나서 이하 10까지 AI의 유력한 변화인데 형세는 호각으로 본다.

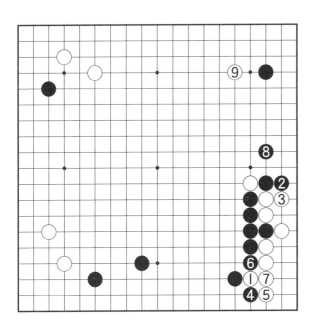

6도

6도(백, 귀부터 지킴)

1도 흑3 때 백1로 귀부터 지키는 것은 어려운 변화를 피하려는 간명책이다.

흑2 이하 활용하며 8까지 모양을 갖출 때 백 9의 걸침으로 전환하면 AI 시각에서 흑이 약간 편한 정도이다.

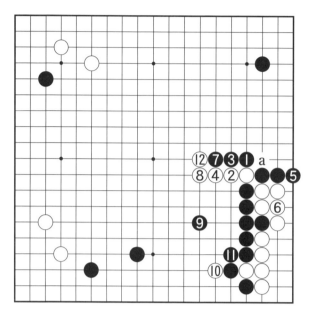

7도

7도(흑, 유력한 방안)

앞 그림 백7 때 중앙 흑
1, 3으로 밀어놓고 5로
a의 단점을 선수로 보강
하는 방안도 유력하다.

백6의 이음은 절대이
며 이하 12까지 AI의 추
천 변화인데 흑이 약간
편한 정도이지만 서로
어려운 진행이다.

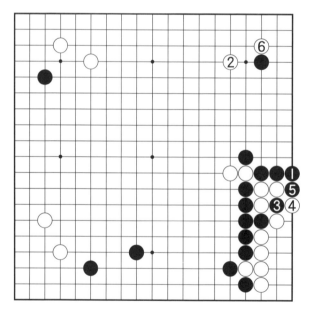

8도

8도(백의 변신)

앞 그림 백2 때 흑1로
먼저 내려서면 백2로 변
신할지도 모른다.

흑3, 5로 석점은 잡지
만 백6으로 귀를 압도하
면 AI 시각에서는 호각
으로 본다.

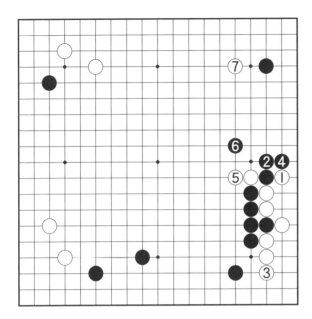

9도

9도(백, 2선에서 단수)

1도 흑3 때 백1로 2선
에서 단수치고 3으로 귀
를 착실히 지키는 것도
유연한 착상이다.

흑4에 백5로 움직인
후 7로 전환하면 AI 시
각에서 백이 약간은 편
한 형세이다.

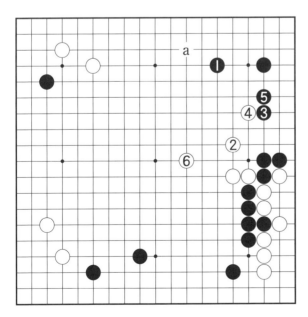

10도

10도(유행하는 두칸굳힘)

앞 그림 백5 때 먼저 흑
1의 유행하는 두칸굳힘
도 생각할 수 있다.

백이 2 이하 6까지 우
변을 삭감한 후 중앙으
로 향하면 역시 백이 약
간은 편한 형세로 본다.
마지막 백6은 a로 다가
설 수도 있다.

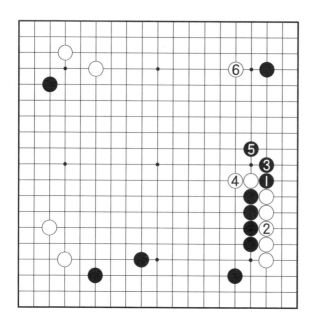

11도

11도(깔끔한 대응)

처음부터 흑1로 끊으면 백2로 잇는 것도 깔끔한 대응이다.

　흑3에 백4로 움직인 후 6의 걸침으로 향하면 AI 시각에서 형세는 호각이다.

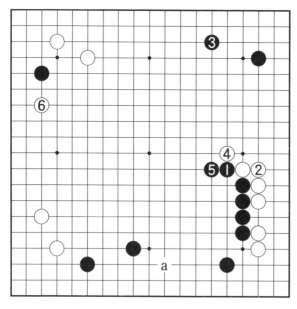

12도

12도(이음의 효과)

중앙에서 흑1로 젖히면 백은 2로 잇는 것이 간명하며 약점을 이용당할 여지도 없애는 효과가 있다. 다음 AI의 추천은 흑3의 굳힘인데 백이 4로 하나 젖힌 후 6의 협공이면 활발한 형세로 판단한다. 하변은 흑의 보고이지만 중앙으로 더욱 넓히려 해도 a의 침입이 남은 만큼 압도적이지 않다.

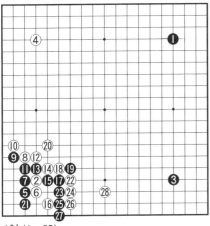

1형 (1~28)

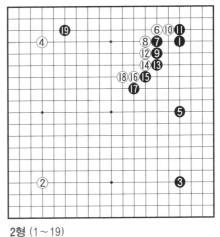

2형 (1~19)

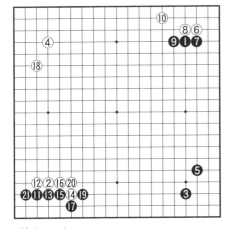

3형 (1~21)

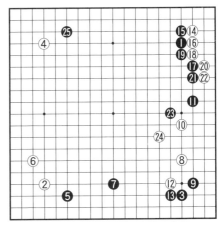

4형 (1~25)

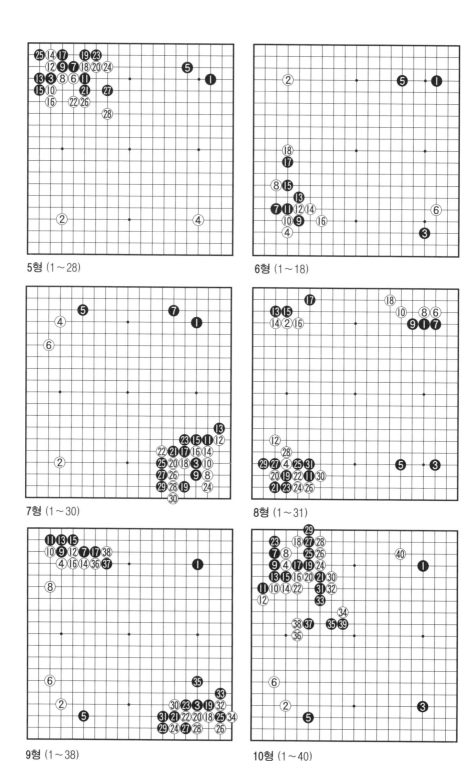

5형 (1~28)

6형 (1~18)

7형 (1~30)

8형 (1~31)

9형 (1~38)

10형 (1~40)

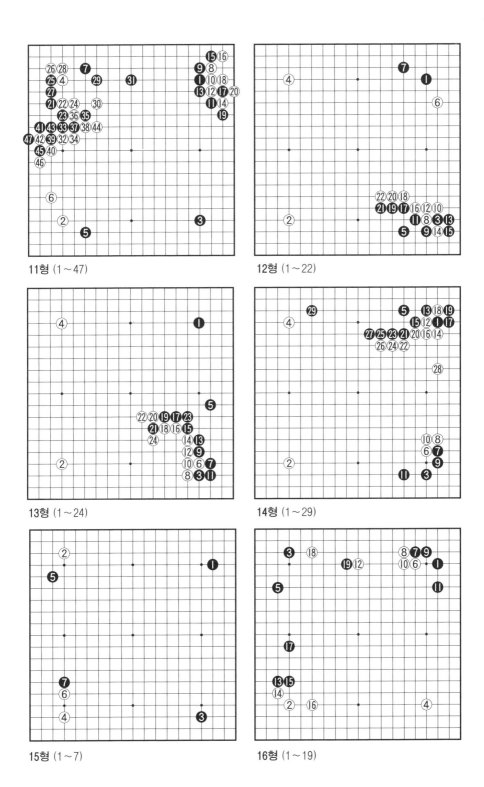

11형 (1～47)

12형 (1～22)

13형 (1～24)

14형 (1～29)

15형 (1～7)

16형 (1～19)

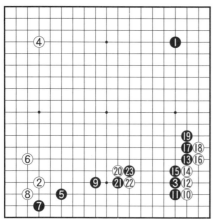

17형 (1~23)

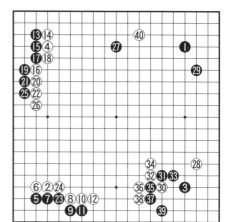

18형 (1~40)

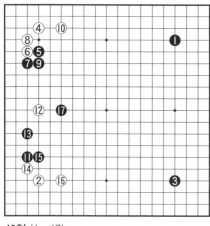

19형 (1~17)

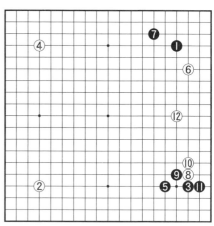

20형 (1~12)

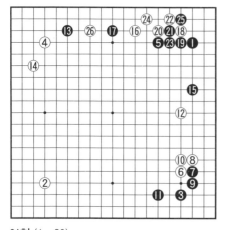

21형 (1~26)

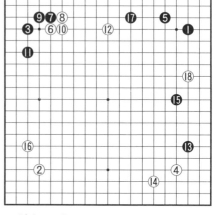

22형 (1~18)

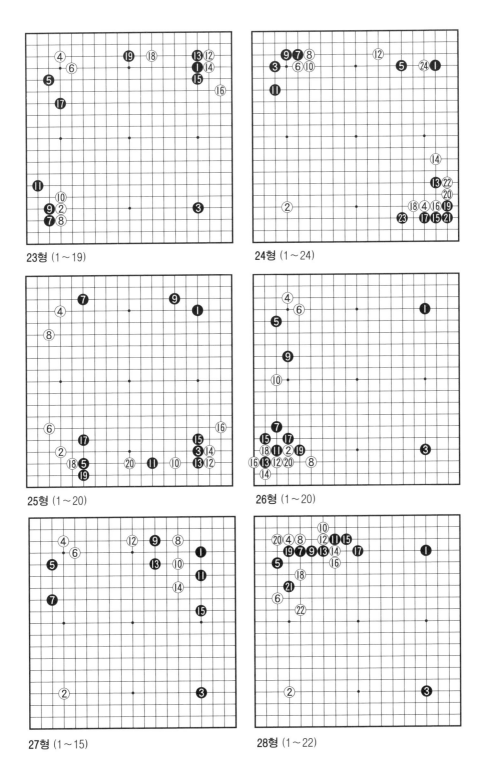

23형 (1~19)

24형 (1~24)

25형 (1~20)

26형 (1~20)

27형 (1~15)

28형 (1~22)

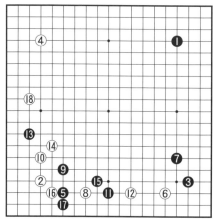

29형 (1~18)

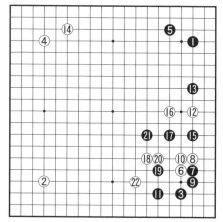

30형 (1~22)

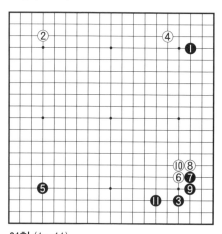

31형 (1~11)

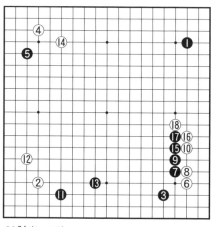

32형 (1~18)

진격의 중반전

352쪽 | 16,000원 | 목진석 감수 · 이하림 편저

바둑의 드라마틱한 중반전에 프로 일류는 어떻게 판세를 읽어가는가? 프로 고수의 실전보에서 재료를 발췌해 중반의 긴 과정을 따라가면서, 형세판단을 곁들여 나타날 수 있는 다양한 장면들을 보여준다.

이기는 바둑 시리즈

01 기본정석으로 강자가 되어라

272쪽 | 12,800원 | 목진석 감수 · 백재욱 지음

귀의 화점과 소목에서 기본적이고 중요한 변화를 익힌다면 정석을 거의 마스터했다고 봐도 좋다. 그러므로 바둑에 강해지려면 화점과 소목의 기본정석을 마스터하라!

02 기본포석으로 승자가 되어라

276쪽 | 12,800원 | 목진석 감수 · 백재욱 지음

최근의 포석은 처음부터 공간 전체를 활용하는 발상이 트렌드다. 그 과정에서 치열한 전투가 일어나기도 한다. 그럴수록 기본에 바탕을 둔 포석 감각을 익혀라. 그것이 안전하게 이기는 길이다.

03 기본행마로 감각을 키워라

276쪽 | 12,800원 | 목진석 감수 · 이하림 지음

바둑은 효율이다. 효율적인 바둑을 두려면 부분적인 모양에서의 행마의 길과 쓰임새, 전체적인 안목에서의 급소와 행마법을 익혀야 한다. 이런 행마의 감각을 키워 실전에서 적절히 구사해보자.

04 기본전략으로 판을 지배하라

268쪽 | 12,800원 | 목진석 감수 · 이하림 지음

정석은 주로 귀의 변화, 포석은 귀를 토대로 한 변의 변화가 핵심이라면, 전략은 중앙까지 염두에 둔 입체적 실전적 개념이다. 그야말로 야전(野戰)이다. 이제 야전의 세계로 들어가 보자.

05 기본사활로 수읽기에 강해져라

272쪽 | 12,800원 | 목진석 감수 · 이하림 지음

전체 판을 주도하려면 부분전투에 능해야 하고 그런 능력을 키우려면 수읽기에 강해져야 한다. 사활은 그 첩경이다.

06 기본맥점으로 수보기에 강해져라

272쪽 | 12,800원 | 목진석 감수 · 이하림 지음

바둑 한 판의 과정에는 다양한 맥이 숨어있다. 이런 맥을 찾는 학습으로 수를 빨리 보는 힘을 기르면 판의 급소를 읽으며 각종 전투에서 승리할 수 있다.

07 기본변칙수로 위기를 돌파하라

272쪽 | 12,800원 | 목진석 감수 · 이하림 지음

바둑은 정석대로만 두어서는 이길 수 없다. 그 과정에는 온갖 변칙적인 수법이 도사리고 있다. 이런 위기를 극복하고 살아남으려면 불의의 변칙수를 응징하고 때로는 상황에 맞는 정의의 변칙수를 구사해 어려운 판세를 돌파해야 한다.

08 기본끝내기로 판을 뒤집어라

272쪽 | 12,800원 | 목진석 감수 · 이하림 지음

바둑은 마라톤과 같아서 단번에 승부가 나지 않는다. 종반 역전의 짜릿함을 맛보려면 불리한 국면이라도 무모한 행동을 삼가며 때를 기다리는 인내심이 필요하다. 그런 절대 기회가 생겼을 때 끝내기의 묘미로 판을 뒤집어보자.

왕초보 바둑 배우기 시리즈

왕초보 바둑 배우기 1. 입문하기

238쪽 | 12,800원 | 조창삼 지음

바둑을 처음 접하는 분들이 배워야 할 규칙과 기본 기술을 이해하기 편한 대화 형식으로 거침없이 풀었다. 1권을 마치면 누구랑 두어도 당당할 것이다

왕초보 바둑 배우기 2. 완성하기

236쪽 | 12,800원 | 조창삼 지음

'입문하기 편'을 마친 분들이 배워야 할 부분 기술과 행마를 이해하기 편한 대화 형식으로 거침없이 풀었다. 2권을 마치면 부분 전투에 자신이 붙어 바둑의 묘미를 느낄 것이다.

왕초보 바둑 배우기 3. 대국하기

240쪽 | 12,800원 | 조창삼 지음

'완성하기 편'을 마친 분들이 배워야 할 초반의 포석, 중반의 전투, 종반의 끝내기 등 바둑의 한 판 과정에서 필요한 핵심 기술을 초신자의 눈높이에서 보여준다.